Sabine Seyffert
Kratzbürste und Schmusekatze

Sabine Seyffert

Kratzbürste und Schmusekatze

Spiele, Tänze, Massagen und Fantasiereisen

Mit Illustrationen von
Marion Kreimeyer-Visse

Ravensburger Buchverlag

Inhalt

Vorwort

Was will dieses Buch?

Kinder lassen ihren Gefühlen freien Lauf. Ob sie wütend sind, Kummer haben oder sich freuen, ihrer Umwelt bleibt ihre Gefühlslage meist nicht verborgen. Grundsätzlich ist dies gut. Wenn Kinder Gefühle zeigen, können sie Ängste und Probleme besser bewältigen. Außerdem haben Erwachsene dann die Möglichkeit, besser auf die Bedürfnisse der Kinder einzugehen. Viele Kinder haben jedoch Schwierigkeiten damit, ihre Gefühle so auszudrücken, dass sie andere damit nicht verletzen. Sie verlieren die Kontrolle, kratzen, schreien, treten oder beißen, statt ihre Konflikte mit Worten auszutragen. Manche richten ihre Aggressionen sogar gegen sich selbst. Schon ein einziges Kind, das nicht gelernt hat, angemessen mit seinen Empfindungen umzugehen, kann eine ganze Gruppe durcheinander bringen. Oft leidet es selbst dabei am meisten. Mit diesem Buch soll Kindern geholfen werden, ein positives Verhältnis zu ihrem Körper und Strategien für Konflikte zu entwickeln.

Was steckt in diesem Buch?

„*Kratzbürste und Schmusekatze*" ist in vier Kapitel eingeteilt, wobei jedes Kapitel eine eigene Funktion hat.

Das erste Kapitel mit dem Titel *Kratzbürsten und Unruhestifter* enthält eine Reihe von Spielideen für den „akuten Notfall". Die verschiedenen Spiele kommen vor allem dem Bedürfnis von Kindern entgegen, ihre Aggressionen abzuarbeiten und ihre Wut an etwas oder jemandem auszulassen. Hier werden Möglichkeiten aufgezeigt, negative Energien loszuwerden, ohne sich oder andere dabei körperlich und seelisch zu verletzen. Gleichzeitig ergeben sich allerhand Anknüpfungspunkte, um über Gefühle und Gedanken zu reden.

Im zweiten Kapitel *Tanz und dreh dich wie ein Kreisel* werden verschiedene Tanzspiele präsentiert. Neben Tänzen zum Aggressionsabbau werden hier vor allem Tänze vorgestellt, bei denen es darauf ankommt, sich wortlos mit seinem Tanzpartner zu verständigen.

Genaues Beobachten der Bewegung des anderen sowie der Rollenwechsel zwischen Vortänzer und Nachahmer sollen die Kinder dazu bewegen, sich mit ihrem Gegenüber fair und einfühlsam auseinander zu setzen.

Die Massagen für Kinder, die im Kapitel *Komm her, du kleine Schmusekatze* beschrieben werden, haben keine medizinische Funktion. Sie erfüllen stattdessen zwei andere wichtige Aufgaben: Die Kinder bekommen ein besseres Gefühl für ihren Körper und lernen so, welche Berührungen angenehm sind und welche nicht. Zudem erfahren sie körperliche Nähe und die Zuwendung eines anderen. Indem sie einander gegenseitig massieren, lernen sie, ihre Wünsche zu äußern und auf die Bedürfnisse des Partners einzugehen.

Nachdem der Körper so gut versorgt ist, sorgen die Fantasiereisen aus dem Kapitel *Die Reise zum Regenbogen* für Entspannung. Mehrere Geschichten laden die Kinder ein, sich in eine Traumwelt zu begeben, in der sie sich sicher und geborgen fühlen.

Alle Kapitel enthalten Anregungen, die Spiele, Tänze, Massagen und Geschichten bildnerisch umzusetzen. Die so entstandenen Kunstwerke können in der Zukunft eine wichtige Funktion übernehmen: Durch sie erinnern sich die Kinder an die jeweilige Übung und haben die Möglichkeit, den Empfindungen, die sie zum Zeitpunkt der Entstehung gehabt haben, noch einmal nachzuspüren. Oft reicht die Erinnerung aus, um die erneut aufkommende Wut zu verscheuchen oder positive Gedanken herbeizuzaubern. Die Werke können auch als Ausgangspunkt für ein klärendes Gespräch dienen.

Wie sollte man das Buch einsetzen?

Die hier vorgeschlagenen Aktionen sind weder Strafe noch Belohnung. Sie können jeweils situationsbezogen eingesetzt werden, eignen sich aber auch für ein ganzes Projekt zur Ich-Erfahrung oder dazu, ein besseres Gruppenklima zu schaffen. Dabei können verschiedene Vorschläge aus den unterschiedlichen Kapiteln miteinander kombiniert werden, wobei Spiele und Tänze zum Bewegen am Anfang stehen sollten.

Manche Übungen setzen gewisse Erfahrungen voraus. Um die Kinder nicht zu überfordern, muss man sie behutsam mit der jeweiligen Form vertraut machen. Empfehlungen für solche Einstiegsübungen findet man an den Kapitelanfängen.

Kratzbürsten und Unruhestifter

Spielaktionen zum Austoben und Abreagieren

Schreien, toben, kratzen, beißen … Kinder sind sehr impulsiv, können aber oft noch gar nicht beschreiben, was in ihnen vorgeht. Im Gegensatz zu Erwachsenen haben sie noch nicht gelernt, ihre Gefühle zu kontrollieren. Deshalb kommt es häufig wie aus heiterem Himmel zu extremen Gefühlsausbrüchen. Meist lassen die Kinder dann ihren Groll an einem Schwächeren aus, der keine Möglichkeit hat, sich zu wehren.

Diese Gefühlsausbrüche der Kinder sind wichtig, denn sie helfen dem Kind, mit Misserfolgen oder Verletzungen umzugehen. Die negativen Gefühle zu unterdrücken wäre falsch; sie würden sich anstauen und irgendwann doch hervorbrechen. Damit beim nächsten Wutanfall kein anderer in Mitleidenschaft gezogen wird und die Kinder lernen, besser mit solchen Gefühlsausbrüchen umzugehen, sollen in diesem Kapitel einige Spielideen vorgestellt werden, die dabei Hilfestellung geben.

Die Spiele sollen Anlass geben, mit den Kindern über ihre Gefühle zu sprechen. So merken sie, dass ihre Gefühle ernst genommen werden. Gemeinsam kann man Möglichkeiten suchen, wie man Angst, Unzufriedenheit, Wut und Enttäuschung äußern kann, ohne andere zu verletzen. So lernen die Kinder, zwischen den einzelnen Gefühlslagen zu differenzieren und adäquat mit ihnen umzugehen. Die aufgezeigten Spielideen helfen dabei, ein klärendes Gespräch vorzubereiten und unterstützen es in seinem Verlauf. Vollständig ersetzen können die Spiele solche Gespräche jedoch nicht.

Lauter Knall – dann ist's vorbei ...

Material:
mehrere aufgeblasene Luftballons

Wie wäre es, die Wut einfach durch einen lauten Knall zerplatzen zu lassen? Das kann wunderbar befreiend wirken.

Teilnehmer:
für ein bis vier Kinder

So geht's:
Dazu verteilt man im Raum auf dem Boden einige aufgeblasene Luftballons, die die Kinder zum Platzen bringen dürfen: Sie können sich darauf werfen, sie zertreten oder fest hineinboxen und kneifen. Vielleicht hat ein besonders wütendes Kind Lust, den Ballons zornige Gesichter zu malen, um dem abstrakten Gefühl ein Aussehen zu geben. Dann kann es sich beim Platzenlassen noch besser vorstellen, seine Wut an jemandem auszulassen. Können die Kinder den konkreten Anlass ihrer Wut benennen, so sollen sie ihn laut herausschreien, während sie auf die Ballons einschlagen.

Im Anschluss an diese Übung geht es allen mit Sicherheit besser!

Tipp:
Sprechen Sie mit den Kindern hinterher darüber, wie diese sich während der Übung gefühlt haben. Was war es für ein Gefühl, die Wut so zu kneifen oder zu treten, bis sie platzt?

Wenn ich dich zu packen kriege!

Teilnehmer:
für ein bis drei Kinder

Material:
eine möglichst große Wachstuchdecke, ein dicker Klumpen Knete für jedes Kind

So geht's:
Man breitet das Wachstischtuch am besten über einen großen Tisch oder notfalls auch auf dem Boden aus. Die Kinder sollten genügend Raum für große, wütende Bewegungen haben. Die tobenden Kinder bekommen einen wirklich dicken Klumpen Knete. Daran dürfen sie nun nach Herzenslust all ihre Kraft und Wut auslassen. Man kann die Knete kraftvoll zerreißen, sie mit voller Wucht auf den Tisch donnern, auf sie einschlagen und dabei lauthals schreien …

Den Kindern hilft das in diesem Moment, ihren Aggressionen Luft zu verschaffen, ohne dass sie jemanden verletzen.

Boxen, Treten – Kuscheln, Schmusen

Teilnehmer:
für ein einzelnes wütendes Kind

Material:
ein richtig großes, weiches Kissen

So geht's:
Kissen sind etwas Wunderbares und immer dann besonders hilfreich, wenn es um Gefühle geht. Ein Kind, das wütend und aggressiv ist, darf nach Herzenslust in das dicke Kissen boxen, treten, prügeln und schlagen. Es wird von den anderen dabei lauthals angefeuert und zum lauten Schreien ermuntert. Wenn es will, kann es das Kissen dabei richtig beschimpfen. Wer es selbst einmal ausprobiert, wird merken, wie ungemein befreiend diese Spielaktion ist.

Und wenn all der Groll und Ärger verflogen ist, darf das Kind sich in das weiche Kissen kuscheln und wird mit einer sanften, liebevollen Massage, seinem Lieblingslied oder einer kleinen Geschichte beglückt. Auf diese Weise lernen die Kinder, dass sie auch mit ihren negativen Gefühlen geliebt werden und dass diese ein natürlicher Bestandteil des menschlichen Wesens sind.

Große Schlacht

Material:
altes Zeitungspapier

Bei Gruppen, die Aggressionen loswerden müssen, eignet sich die „große Schlacht" hervorragend, da sie nicht nur allen viel Spaß macht, sondern auch Situationen, die umzuschlagen drohen, rasch entspannt.

Teilnehmer:
mindestens zwei Kinder, mit bis zu 20 Kindern spielbar

So geht's:
Auf dem Boden liegen jede Menge alte Zeitungen. Nach einem Kommando der Spielleitung, beispielsweise: „Die Schlacht beginnt!", darf sich jeder aus dem Zeitungspapier Bälle knüllen und die anderen damit bewerfen.

Die „große Schlacht" kann zwischen zwei Mannschaften ausgetragen werden, oder es kämpft jeder gegen jeden. Sollten die örtlichen Gegebenheiten es nicht anders zulassen, kann auch zielgerichtet geworfen werden, etwa gegen ein in der Ecke sitzendes Stofftier.

Bei dieser Spielaktion haben die Kinder die Gelegenheit, sich richtig auszutoben und Kraft zu lassen. Sie müssen schnell reagieren, ständig neue Papierbälle aus den Zeitungen knüllen und diese im Anschluss mit viel Kraft in Richtung der Mitspieler werfen. Dabei trainieren die Kinder ihre Reflexe und leben ihren Bewegungsdrang aus. Die Würfe kosten sie Kraft, denn so weit wie ein Ball fliegt diese leichte „Munition" nicht.
Aber das Allerbeste an dieser wilden Schlacht ist, dass die Treffer keinem wehtun.

Weitere Spielvariante:
Anstelle der Zeitungspapierbälle kann man auch eine richtig tolle Watteballschlacht veranstalten. Diese Wattebälle tun unter Garantie niemandem weh, selbst wenn sie einmal im Gesicht der anderen Mitspieler landen sollten. Also nix wie ran an die Wattebällchen!

Tipp:
Auch der Spielleiter sollte mitspielen. Das macht viel Spaß! Und für die Kinder ist es wichtig zu sehen, dass auch er Gefühle hat. Ein Spielleiter, der stets außen vor steht, hemmt die Kinder in gespannten Situationen eher.

Wutmüll

Teilnehmer:
für größere Kindergruppen voller Frust

Material:
Papier, Stifte und ein großer Mülleimer (ersatzweise ein Wäschekorb)

So geht's:
Jeder schreibt oder malt jeweils auf ein kleines Blatt Papier, was ihn richtig wütend macht, und wirft den Ärger in die Raummitte. Wenn keinem mehr etwas einfällt, kommt die Müllabfuhr, um all die gesammelte Wut abzuholen.

Die Müllmänner sammeln die Wut vom Boden auf, knüllen sie fest zusammen und schmeißen sie in den Mülleimer. Dabei rufen sie laut: „Weg damit, weg mit der Wut!" oder „Pack die Wut in den Müll!"

Wutwerfen

Material:
runde Pappteller oder runde
Bierdeckel, Stifte, Zollstock

Teilnehmer:
für zwei bis zehn Kinder

So geht's:
Jeder Spieler bekommt einen Pappteller, auf den er alles schreiben
oder malen darf, was ihn ängstigt, traurig oder wütend macht. Wenn
alle fertig sind, stellen sie sich nebeneinander auf und versuchen,
ihre schlechten Gefühle möglichst weit wegzuwerfen.

Wer Lust hat, kann die entsprechenden Entfernungen mit einem
Zollstock ausmessen und auf die Teller schreiben. Vielleicht kann
man ja sogar an der Entfernung feststellen, wer die größte Wut in
sich hatte …

Du stinkender Elefantenrüssel!

Wer würde nicht am liebsten die schrecklichsten Schimpfwörter
schreien, wenn die Wut in ihm kocht? Wie wäre es denn da zur
Abwechslung mit einem Wettbewerb der ausgefallensten Schimpfwörter, wo doch sonst das Fluchen nicht unbedingt erlaubt ist? So
lernen die Kinder, kleinere Ärgernisse mit Humor zu nehmen.

Teilnehmer:
für ein bis zehn Kinder

So geht's:
Man ruft lauthals die schlimmsten Beschimpfungen in den Raum.
Alle machen mit! Besonders erheiternd sind kuriose Wortverbin-
dungen, mit deren Hilfe man die Stimmung schnell ins Positive
umschlagen lassen kann:
„Schimmelige Apfelkitsche, giftgrüner Schneckenschleim, eckige
Kirsche, miefige Gurkenscheibe, bananengelbes Quarkgesicht …"

Die Kinder haben die größte Freude daran und nach kurzer Zeit
werden alle so laut lachen, dass die Wut im Nu vergessen ist.

Wenn ich wütend bin ...

Kinder haben oft eine richtige Zerstörungswut. Hier dürfen sie diese einmal auslassen. Sie richtet sich dabei allerdings lediglich gegen die am Boden aufgetürmten Zeitungen und Kataloge. So können die Kinder ihrem Drang nachgeben und ihre Wut körperlich abarbeiten.

Material:
ein riesiger Berg altes Zeitungspapier, Illustrierte, alte Telefonbücher o. Ä.

Teilnehmer:
je nach Platz mit vielen Kindern durchführbar

So geht's:
Auf das Kommando „Wenn ich wütend bin" geht es los und jeder darf seine Wut und seinen Hass an dem Papierberg auslassen: Papier lässt sich zerknüllen, zerfetzen, zerreißen! Die Kinder sollten ihre Aktionen kommentieren: „Wenn ich wütend bin, zerreiße ich diese doofe Zeitung! ..."

Tipp:
Zum Schluss können die Reste, die Zeitungsbälle und die Schnipsel in einen großen Bettbezug gesteckt werden. Der kann dann als Zielscheibe dienen. Man kann in diesen riesigen, gefüllten Sack schlagen und treten. Die Kinder können auf ihm herumtrampeln, ihn herumwerfen und an ihm zerren, ohne dass dabei jemand verletzt wird.

Wie kann man bloß so stur sein?!

Wenn engstirnige Kinder einmal selbst gegen einen „Sturkopf"
ankämpfen, erfahren sie, wie mühsam das sein kann. Dieses Spiel
macht großen Spaß – vor allem, wenn man es mit einer Stoppuhr
spielt. Der größte Dickschädel gewinnt.

Teilnehmer:
Kinder in gerader Anzahl, wegen der Wettkampfsituation auch für
große Gruppen geeignet

So geht's:
Immer zwei Kinder spielen bei dieser Aktion zusammen. Einer der
beiden ist ab sofort furchtbar stur und lässt sich nicht vom Fleck
bewegen. Der andere Spielpartner versucht nun mit viel Kraft und
Anstrengung den „sturen Bock" auf die andere Seite des Zimmers
zu bewegen: Drücken, Zerren, Schieben, Hinter-sich-Herschleifen,
Kitzeln – eigentlich ist alles erlaubt, was dem Sturkopf nicht wehtut
oder ihn verletzt.

Auch bei dieser Spielaktion ist es enorm wichtig, dass im Anschluss
die Rollen vertauscht werden und der andere stur sein darf.

Lass dich kneifen, pieksen, zwicken

Teilnehmer:
für ein Kind oder mehrere Kinder

Material:
ein großer, runder Luft-ballon, Sand und ein schwarzer Lackstift

So geht's:
In den Luftballon füllt man reichlich Sand, bis er etwa so groß wie ein Tennisball ist. Dann knotet man ihn gut zu und malt mit dem schwarzen Lackstift ein grimmiges Gesicht darauf.

Wenn die Kinder mal wieder von Zorn und Wut gepackt werden, bietet der „Knautschkerl" eine gute Möglichkeit, alles wieder loszu-werden. Die Kinder dürfen den kleinen Kerl so fest wie möglich pieksen und zwicken. Und das Beste – er wird sich nicht wehren!

Ich trampel alles kurz und klein!

Manchmal könnte man vor lauter Wut alles kurz und klein trampeln. Deshalb sollen die Kinder dies beim nächsten Wutanfall ganz ein-fach tun. Es wird jedoch nichts dabei zu Bruch gehen, außer einigen Konservendosen, die ohnehin im Müll gelandet wären.

Material:
leere, saubere Konserven-dosen oder ersatzweise leere Pappkartons, Schachteln, Papprollen, ausgespülte Jogurtbecher o. Ä.

Teilnehmer:
zwei bis zwanzig wütende Giftzwerge

So geht's:
Auf dem Boden liegen jede Menge alte Konservendosen. Darauf dürfen die Kinder herumstampfen und die Dosen mit den Füßen platt drücken. Natürlich können sie dabei auch lauthals ihre Wut zum Ausdruck bringen.

Ein wichtiger Hinweis:
Auf jeden Fall müssen die Kinder feste Schuhe tragen, damit sie sich nicht verletzen. Wem die Konservendosen zu gefährlich erscheinen, der nimmt als Alternative leere Pappkartons.
Die Konservendosen sind besonders gut für ältere Kinder geeignet, die daran ihre Kräfte messen können.

Ich lass mich nicht vertreiben

Material:
je Spielerpaar ein großer
Holz- oder Plastikreifen,
ersatzweise kann man auch
größere Kissen nehmen oder
ein am Boden ausgebreitetes
Tuch

Häufig streiten Kinder z. B. darüber, wer auf die Schaukel darf und wer welches Spielzeug bekommt. Dabei können sich Rollen festlegen, die es zu durchbrechen gilt. Es ist wichtig, dass jedes Kind die Chance hat, beide Positionen kennen zu lernen: die des Angreifers und die des Verteidigers. Kinder werden durch dieses Spiel dazu angeregt, eigene Problemlösungsstrategien zu entwickeln.

Besonders schön ist es, dieses Spiel im Freien zu spielen. Zuschauer können die Vorgänge auch gern kommentieren.

Teilnehmer:
eine gerade Anzahl von Kindern; geeignet für große Gruppen

So geht's:
Immer zwei Kinder finden sich als Spielerpaar zusammen. Ein Kind setzt sich in seinen Holzreifen, das „Haus". Der Mitspieler versucht den „Hausbesitzer" von dort zu vertreiben.
Das kann so aussehen:
- Er versucht den „Hausbesitzer" zu überreden und mit guten Argumenten zu locken.
- Wenn alles Reden nicht hilft, probiert er, den Mitspieler aus seinem Haus zu vertreiben, indem er kräftig drückt und schiebt.
- Er strengt sich an, den Hausbesitzer mit allen Kräften aus seinem Haus herauszuziehen.

Wer kann seinen Mitspieler am pfiffigsten und schnellsten aus seinem Haus herauslocken?

In jedem Fall sollte genug Zeit eingeplant werden, damit die Kinder das Spiel noch einmal mit vertauschten Rollen spielen können.

Tipp:
Nach den zwei Spieldurchgängen sollte ein Gespräch mit den Kindern geführt werden. Wie haben diese sich als „Hausbesitzer" gefühlt? Und was war es für ein Gefühl, den Spieler aus seinem Eigentum zu vertreiben?

Wer ist der Stärkste?

Teilnehmer:
mindestens zwei Kinder, auch mit Gruppen in gerader Teilnehmerzahl durchführbar

Material:
Kreppklebeband

So geht's:
Auch bei diesem Spiel finden sich immer zwei Kinder zu einem Paar
zusammen und stellen sich im Abstand von einem Schritt gegenüber
auf. Dann markiert jeder mit einem kleinen Streifen Kreppklebeband
seinen Standort.
Auf das Kommando „Wer ist der Stärkste?" geht es los. Jeder Spieler
versucht nun, seinen Mitspieler mit List und Tücke von seiner Markierung zu schubsen oder zu ziehen – allerdings ohne dabei seine
eigene Markierung zu verlassen.

Tipp:
Es sollten sich stets nur etwa gleich große und gleich starke Spieler
zusammenfinden, damit jeder dieselbe Chance hat.

Wilde Rempelei, was ist denn schon dabei?!

Material:
viele Kissen in verschiedenen
Größen, Tücher und andere
Materialien zum Ausstopfen,
Polster, für jeden Mitspieler
ein großes Hemd von einem
Erwachsenen

Wäre das nicht toll: sich anrempeln wie die Autoskooter auf dem Jahrmarkt – und keinem tut's weh!

Teilnehmer:
mindestens drei Kinder

So geht's:
Jedes Kind zieht ein großes Hemd an und und stopft es mit Kissen und Tüchern aus, bis alles gut ausgepolstert ist. Wenn alle fertig sind, darf gerempelt werden. Egal ob zwei dicke Bäuche oder die Hinterteile zusammenstoßen, jeder Aufprall wird gut abgefedert.

Tipp:
Diese wilde Rempelei macht großen Spaß. Wenn dabei im Hintergrund noch fröhliche Musik läuft, wird es richtig lustig!

Unsichtbarer Gegner

Viele Kinder lieben es, sich mit jemand zu raufen und zu prügeln. Aber einer ist dann oft der Leidtragende, meistens tut es beiden Raufbolden weh. Da ist „Schattenboxen" mit einem unsichtbaren Gegner viel angenehmer. Wie ein richtiger Streit kostet dieser Kampf die Kinder auch Kraft. Doch weil es keine Gewinner oder Verlierer gibt, werden sie sich im Anschluss viel wohler fühlen!

Teilnehmer:
auch für ein Kind allein geeignet

So geht's:
Bei dieser Spielaktion dürfen mies gelaunte Kinder richtig loslegen und sich prügeln. Und zwar mit ihrem unsichtbaren Gegenüber. Dieser Gegner, den man nur vor seinem „inneren" Auge sieht, darf mal richtig eins auf die Nase bekommen. Achtung, tüchtig ausgeholt und gut gezielt – uff!, der Schlag hat gesessen. Und dann noch eins hinterher. Keine Müdigkeit vorgetäuscht!

Schreien, Toben, ganz laut Wüten

Teilnehmer:
ein bis zehn Kinder (Dann wird es schon ziemlich laut.)

So geht's:
Wenn Kinder emotional geladen oder einfach nur stinksauer sind, hilft es ihnen, wenn sie richtig laut sein dürfen. Ein einziges Mal großen Lärm auszuhalten ist immer noch erträglicher als permanent nörgelnde, laut heulende Kinder.
Also Ohren zu und durch: Jeder brüllt und schreit so laut er nur kann. Gleichzeitig kann man wie wild mit den Füßen stampfen, mit den Fäusten an die Wand trommeln und wie ein kleines Rumpelstilzchen im Zimmer herumhüpfen.
Nach einigen Minuten haben sich die Kinder erfahrungsgemäß so ausgetobt, dass man hervorragend eine ruhige Spielaktion oder einfach ein Gespräch anschließen kann.

Tipp:
Wenn die Kinder dazu noch viele Töpfe, Kochlöffel und Topfdeckel bekommen, kann man ein richtig wildes, furchtbar lautes Lärmorchester veranstalten. Auch aus leeren Kaffeedosen mit Deckel, die man mit ein paar Nägeln oder Steinen füllt, kann man im Handumdrehen tolle Krachmacherrasseln basteln!

Übrigens, falls man die Nerven der Nachbarn lieber schonen möchte, sollte man mit den Kindern in den Wald gehen. Dort stört es nicht, wenn laut gebrüllt und gewütet wird.

Material:
Dinge zum Krachmachen: selbst gebastelte Rasseln, Trommeln oder einfach nur leere Konservendosen, die laut aneinander geschlagen oder mit einem Holzlöffel zum Tönen gebracht werden

Kannst du das Gewitter hören?

Material:
ggf. Töpfe mit Deckel,
Backbleche und Holzlöffel,
Taschenlampen

Wut kann in einem toben wie ein böses Unwetter. Wie wäre es also beim nächsten Gefühlsausbruch mit einem herrlichen Gewitter? Dieses kann als „Mitmachgeschichte" gestaltet werden, wobei man mit eigenen Worten eine Geschichte erzählt und die Kinder sie pantomimisch, szenisch oder in Geräuschen umsetzen. Vorab spricht man mit den Kindern über ihre Gefühle. Vielleicht hat sich ja schon der eine oder andere vorgestellt, dass seine Wut wie ein Gewitter war.

Teilnehmer:
zwei bis zwanzig wütende oder traurige Kinder

So geht's:
Vor dieser Übung sollte der Raum gut gelüftet werden, da sie u. a. dazu dient, dass die Kinder möglichst viel Sauerstoff aufnehmen.

Das Unwetter, das sich langsam zusammenzieht, lässt das Zimmer etwas dunkler werden.

Vielleicht lassen sich im Raum ein Rollo herunter- oder Vorhänge vorziehen. In jedem Fall sollte man das Licht ausmachen.

Es beginnt zu regnen. Zuerst fallen nur ein paar Tropfen … Dann regnet es immer stärker …

Das können die Kinder auf unterschiedliche Art und Weise nach-machen. Beispielsweise indem sie mit den Fingerspitzen auf den Boden klopfen oder in die andere Handinnenfläche. Wie wäre es mit einer selbst gebastelten Regenrassel? Einfach etwas Reis in eine leere Papprolle streuen und die offenen Enden mit festem Laternen-papier zukleben – da kann der Regen toben!

… bis der Regen in Strömen auf die Erde prasselt. So laut, dass man sein eigenes Wort nicht mehr versteht.

Die Kinder können laut und heftig mit den Füßen auf den Boden trampeln. Je lauter, fester und schneller, desto wirksamer!

Schließlich tobt das Unwetter wie wild durchs Zimmer: Ein heftiger Sturm kommt auf.

Die Kinder rasen laut pustend durch den Raum. Das kräftige Pusten hat zur Folge, dass die Kinder viel Sauerstoff aufnehmen und im Anschluss wesentlich aufnahmefähiger und konzentrierter sind.

Bis es zum Schluss richtig blitzt und laut donnert.

Die Blitze können die Kinder nachmachen, indem sie zweimal ganz schnell hintereinander in die Hände klatschen oder die Taschenlampen schnell an- und ausknipsen. Das Donnern kann man besonders gut mit Trommeln, Töpfen oder Backblechen darstellen. Es reicht aber auch, mit den Händen auf Stühle und Tische zu trommeln.

Langsam zieht das Unwetter weiter. Es wird ruhiger und auch der Himmel klart immer mehr auf.

Die Kinder legen ihre Materialien an den Rand.

Meine Güte, war das ein Gewitter, so laut und heftig. Aber nun ist es vorbei. Schaut mal, wie schön die Sonne scheint. Man kann jetzt sogar wieder alle Geräusche um uns herum hören. Horcht mal!

Die Kinder setzen oder legen sich hin, am besten mit geschlossenen Augen, und lauschen etwa 30 – 60 Sekunden aufmerksam, welche Geräusche sie wahrnehmen können. Im Anschluss darf jeder von einem Geräusch, das er vernommen hat, berichten.

Tipp:

Wie wäre es im Anschluss mit einer tollen Collage? Mit Hilfe von verschiedenen Stiften, Kreiden, Alufolie, Watte und Tonkarton kann man eine schöne Gemeinschaftsarbeit basteln. So entsteht aus dem destruktiven, negativen Gefühlschaos etwas Schöpferisches. Bei einer der nächsten Wutattacken kann man diese Collage gut als Anlass für ein Gespräch nutzen.

Man kann das Unwetter auch auf Kassette aufnehmen und später über die dabei ausgelebten Gefühle reden.

Tanz und dreh dich wie ein Kreisel

Kreative Tänze für Kinder

Schon Babys haben große Freude an Rhythmen und Melodien. Je älter sie werden, desto häufiger setzen Kinder Musik auch in entsprechende Bewegungen um. Kinder lieben es herumzutollen und so ihren natürlichen Bewegungsdrang zu befriedigen.

Durch den kreativen Tanz bekommen die Kinder die Möglichkeit, ihrer Fantasie freien Lauf zu lassen und schöpferisch die Musik umzusetzen. Dabei bleiben sie ganz im Rahmen ihres jeweiligen Entwicklungsstandes und Könnens. Es wird während des Tanzes keinerlei Leistung erwartet oder gar Druck ausgeübt. Vielmehr zählt der Spaß an der Bewegung, die Neugier der Kinder sowie ihr ganz persönlicher Körperausdruck bei der Umsetzung der Musik. Hierbei sollte man den Kindern genügend Freiraum lassen.

Zudem bieten diese Tänze den Kindern eine gute Möglichkeit, sich auszudrücken und dadurch innere Spannungen zu lösen und abzubauen. Diese Art des Tanzens befreit ungemein, womit meist tiefe Entspannung und innere Gelöstheit einhergehen. Auch das innere Gleichgewicht wird wieder hergestellt, sodass auch ganz besonders unruhige, zappelige Kinder zur Ruhe finden.

Die kreativen Tänze machen den Kindern Mut und motivieren sie, selbst zu experimentieren, eigene Ideen zu entwickeln und in die Tat umzusetzen. Kinder verfügen über ein ungeheuer großes Kreativitätspotenzial, das sich wunderbar entfaltet, sobald sich dazu eine Gelegenheit bietet. Es lässt sich mit Hilfe von Tänzen wie den folgenden sogar noch erweitern. Wenn man die Kinder in größeren Zeitabständen mit der Videokamera dabei filmt, wird es besonders deutlich.

Die in diesem Kapitel aufgeführten Ideen lassen sich jederzeit variieren und den Bedürfnissen der Kinder anpassen. Sicher haben die Kinder mit der Zeit auch viele eigene Ideen, die unbedingt aufgegriffen und umgesetzt werden sollten.

Auch die bei einigen Tänzen angeführten Musikempfehlungen sind lediglich Vorschläge und nicht als Muss zu verstehen. Manchmal ist es auch ganz interessant, ohne Musik zu tanzen oder selbst Klänge dazu zu erzeugen. Ebenso gut kann man mit Musik, die viel versprechend erscheint, experimentieren. Man spielt diese Musik kurz ein, während die Kinder mit geschlossenen Augen lauschen, und fragt sie im Anschluss, an was die Musik sie erinnert und welche Bewegungen dazu passen. Dies ist äußerst spannend! Vielleicht hat man ja auch die Möglichkeit, dass sich die Kinder passend zum Thema des Tanzes schminken und verkleiden können. Das macht natürlich großen Spaß und wird sicherlich noch weitere Ideen mit sich bringen. Interessant kann es auch sein, die Tänze dann und wann zu wiederholen. Mit der Zeit wird man feststellen, wie sich die Bewegungen der Kinder weiterentwickelt und verändert haben!

Übrigens machen die kreativen Tänze mehr Spaß, wenn viele Kinder daran teilnehmen. So kommen auch mehr Ideen zusammen. Aber natürlich lassen sich die meisten Tänze auch mit nur einem einzigen Kind durchführen. Die Tanzbeispiele, bei denen eine bestimmte Teilnehmerzahl vorhanden sein muss, sind entsprechend gekennzeichnet.

Der Erwachsene sollte immer an den Tänzen teilnehmen. Denn dabei kann man die Kinder nicht nur besser im Auge behalten, sondern im Bedarfsfall auch Hilfestellungen geben. Die Aufgabe des erwachsenen Tänzers besteht u. a. darin, Außenseiter zu integrieren und Kinder, die anfangs noch Scheu empfinden, zu motivieren. So dienen die eigenen Ideen als Vorbild für die Bewegungsabläufe der Kinder.

Der Schütteltanz

Musik:
Schwungvolle Musikstücke mit einfachen, aber eingängigen Rhythmen wie Charleston oder Dixieland sind besonders gut geeignet.

So geht's:
Um locker zu werden, probieren wir erst einmal einen besonders lustigen Tanz aus, bei dem wir unseren Körper so richtig lockern und alle Sorgen von uns schütteln.

Wenn die Musik beginnt, bewegt sich jeder so im Raum, wie er mag. Während die Musik spielt, sollen alle versuchen, ihren Körper auszuschütteln: den Kopf, die Schultern, die Arme, die Hände, den Po, die Beine und die Füße … Schüttelt alles von euch ab und hüpft vergnügt umher!

Und los geht's …

Tipp:
Diesen Tanz sollte man stets an den Anfang stellen. Er lässt den Kindern ausgesprochen viel Freiraum. Jeder kann dabei erst einmal für sich tanzen und vorhandene Spannungen loswerden. Der Tanz befreit und lockert den Körper auf lustige Weise.

Ich und mein Körper

Musik:
Hierfür eignet sich ruhige, fließende Musik mit Synthesizer- oder Harfenklängen; schön sind auch Naturgeräusche wie z. B. eine Meeresbrandung.

So geht's:
Sucht euch eine Stelle im Raum, an der ihr genug Platz um euch herum habt und euch wohl fühlt!

Dann stellt ihr euch so hin, dass ihr einen sicheren Stand habt. Stellt euch dazu leicht breitbeinig hin, bleibt locker in den Knien und versucht einen Moment lang euren Körper zu spüren …
Bleibt auf eurem Platz stehen und beginnt euren Körper zu erforschen: mit den Händen, Armen und, wenn ihr Lust habt auch mit den Beinen. Ihr könnt dazu in fließenden Bewegungen über euren Kopf streichen … Die Kopfhaut massieren … Die Schultern entlangfahren … Mal mit den ausgestreckten Armen nach oben greifen und um euch herum … Wo sind eure Grenzen? Wie viel Platz habt ihr um euch herum? … Probiert es aus und macht einen Schritt in die Luft oder greift mit den Händen in die Luft … bleibt dabei immer an eurem Platz …

Bewegt euch zum Klang der Musik …

Tipp:
„Ich und mein Körper" ist übrigens ein schöner Einstiegstanz, weil die Kinder sich erst einmal nur auf die Bewegungen konzentrieren und noch nicht mit dem gesamten Raum konfrontiert werden. Was kann man dort tun? Wie bewegt man sich, ohne sich dabei von der Stelle zu rühren?
So kann man schon eine ganze Menge ausprobieren …

Wenn die Kinder bereits Erfahrungen mit dem kreativen Tanz gesammelt haben, könnte man diesen Tanz nach einigen Minuten ausweiten. Die Kinder können sich auch langsam von ihrem Platz wegbewegen, wenn sie sich und ihren Umkreis erforscht haben.

Wutwegtanz

Musik:
Gut eignet sich hierfür Musik, in der viele Trommeln und ein schneller Rhythmus zu hören sind, beispielsweise Musik aus Afrika.

So geht's:
Stellt euch vor, ihr seid so richtig wütend! Die Wut kocht und brodelt in euch. Am liebsten würdet ihr der Wut mal richtig Luft machen: laut schreien, mit den Füßen stampfen und mit den Fäusten kräftig trommeln. Was fällt euch noch alles ein? Bewegt euch zu der Musik und verleiht eurer Wut Ausdruck … Lasst die Wut aus euch raus, so gut ihr könnt!

Tipp:
Vielleicht haben die Kinder im Anschluss noch Lust, ein Bild zu diesem Tanz zu malen. Welche Farben hatte die Wut, welche Bewegungen hat sie gemacht und welche Instrumente würden die Kinder ihrer Wut zuordnen?
Zu diesem Malexperiment sollten die Kinder in jedem Fall mindestens DIN-A3-große Blätter zur Verfügung gestellt bekommen. Schließlich braucht die Wut genügend Platz!

Hand an Hand

Musik:
Hierfür empfiehlt sich ruhige, fließende Musik.

Teilnehmer:
mindestens zwei Kinder, auf jeden Fall eine gerade Anzahl

So geht's:
Stellt euch immer zu zweit so gegenüber, dass etwa ein Schritt zwischen euch liegt und ihr euch mit den Händen gut berühren könnt …

Dann öffnet eure Hände und streckt diese in Brusthöhe dem Tanzpartner entgegen, sodass sich eure Hände mit den Handinnenflächen ganz berühren.

Wenn ich gleich die Musik einspiele, gibt einer von euch die Bewegungen beim Tanzen vor. Aber bleibt dabei bitte an euren Plätzen stehen und lasst die Hände des anderen nicht los! Beobachtet euer Gegenüber gut und achtet darauf, was für Bewegungen ausgeführt werden und wohin sie gehen …

Tipp:
Dieser Tanz eignet sich ganz gut als einfache Vorstufe für die Tänze „Lass mich dein Spiegel sein" und „Du und ich, wir zwei", die auf den Seiten 31 und 32 in diesem Kapitel zu finden sind. Da die beiden Tanzpartner ständig Kontakt haben und an ihrem Platz stehen bleiben, ist es wesentlich einfacher, den Bewegungen des anderen zu folgen.

Lass mich dein Spiegel sein

Musik:
Die Musik für diesen Tanz sollte möglichst ruhig und harmonisch sein, um den Charakter der Übung zu untermalen, denn die Kinder brauchen Einfühlungsvermögen und müssen beobachten können. Zudem sollte die Musik auch verdeutlichen, dass fließende, ruhige Bewegungen ausgeführt werden sollen, damit die „Spiegel" auch alles mitmachen können.

Teilnehmer:
mindestens zwei Kinder, auf jeden Fall eine gerade Anzahl

So geht's:
Stellt euch zu zweit gegenüber. Einer von euch darf nun den Spiegel spielen. Der andere Tänzer fängt an, sich auf der Stelle zu bewegen. Die Bewegungen sollten anfangs recht einfach sein und dürfen auch nicht zu schnell ausgeführt werden, damit das Spiegelbild alles zeitgleich mitmachen kann. Denn sonst wäre es ja kein Spiegel!

Nehmt euch Zeit und vor allen Dingen: Beobachtet genau!

Hier wird nun in mäßiger Lautstärke die Musik eingespielt. Zu der Musik bewegen sich die Kinder und ihre „Spiegelbilder" machen alles genau und gleichzeitig nach. Die Kinder können z. B. mit der Hüfte wackeln, rhythmisch klatschen… Je nach Ausdauer der Kinder kann dies eine bis drei Minuten dauern. Im Anschluss sollte auf jeden Fall gewechselt werden, sodass auch die anderen sich einmal spiegeln bzw. die Bewegungen vormachen dürfen.

Tipp:
Nach diesem Spiegeltanz sollte man mit den Kindern darüber sprechen, wie sie sich gefühlt haben. Was ist ihnen leichter gefallen? Sich zu spiegeln oder als Spiegelbild alles identisch nachzuahmen?

Du und ich, wir zwei

Musik:
Je nachdem ob man diesen Tanz langsam und besinnlich oder lieber eine Spur schwungvoller wünscht, kann man entsprechende Titel aus seiner Musiksammlung wählen.

Teilnehmer:
mindestens zwei Kinder, auf jeden Fall eine gerade Anzahl

So geht's:
Findet euch zu zweit zusammen und bildet ein Tanzpaar. Diesen Tanz werden wir gemeinsam tanzen – immer als Paar. Das macht großen Spaß, ist aber nicht ganz einfach. Dennoch glaube ich, dass wir es gemeinsam schaffen werden. Legt eure Handflächen gegeneinander. Ihr dürft euch nicht festhalten, müsst aber während des ganzen Tanzes eure Hände zusammenbehalten. Alle müssen dabei sehr aufmerksam sein und gut auf ihren Mitspieler achten. Wenn die Musik beginnt, dürft ihr euch bewegen. Versucht ohne Worte zu fühlen und zu spüren, was der andere machen möchte. Wohin möchte er tanzen? Hat mein Tanzpartner Lust sich zur Musik zu drehen? Möchte mein Mitspieler lieber von mir geführt werden? Achtet auf die Bewegungen, das Tempo und die Richtung des Tanzes. Wer macht vor und wer macht nach?

Ich werde nun die Musik anschalten und dann kann der Tanz beginnen …

Tipp:
Dieser Tanz ist nicht ganz einfach. Er lässt den Kindern zwar viel Freiraum, weil er keinerlei Bewegungsabläufe vorgibt, aber die Kinder müssen schon recht einfühlsam miteinander umgehen. Deshalb sollte dieser Tanz erst dann eingesetzt werden, wenn die Kinder bereits Erfahrungen mit kreativen Tänzen gesammelt haben oder sich schon lange und gut kennen und sich einschätzen und aufeinander eingehen können. Nach dem Tanz können die Kinder darüber sprechen, welche Probleme sie hatten, beieinander zu bleiben. Was hat mehr Spaß gemacht: Führen oder Folgen?

Wolkentanz

Musik:
Musik zum Träumen, die zart klingt und an den endlos weiten Himmel mit seinen Wolken erinnert.

Material:
pro Kind ein weißes
Seidentuch in der Größe
45 x 45 cm oder 90 x 90 cm

So geht's:
Stellt euch vor, ihr seid Wolken. Richtig schöne weiße Wolken, die am blauen Himmel elegant und ohne jede Hast und Eile dahin-ziehen …
Damit ihr euch auch als Wolke fühlt, bekommt nun jeder von mir ein schönes weißes Tuch. Das fasst ihr am Rand an und bewegt euch damit zu der Musik …
Genießt euer Wolkendasein und schwebt am Himmel …

Tipp:
Für Kinder bis etwa fünf Jahre reicht ein kleines Seidentuch aus. Größere Kinder dagegen, die zudem schon etwas Übung mit kreati-ven Tänzen haben, finden sicherlich ein größeres Tuch schöner, weil es besser schwingt.

Gerade dieser Tanz ist sehr kreativ. Das Tuch motiviert die Kinder und ermöglicht große Bewegungsfreiheit. Es ist immer wieder faszi-nierend, wie vertieft die Kinder beim Tanzen sind und was sie alles mit ihrem Tuch beim Tanzen anstellen.

Regenbogentanz

Musik:
Heitere, beschwingte Musik eignet sich am besten.

Teilnehmeranzahl:
Damit dieser Tanz richtig zur Geltung kommt, sollten mindestens fünf Kinder mittanzen.

Material:
pro Kind einen etwa 4 – 6 cm breiten Streifen buntes Krepppapier, das man am besten direkt von einer Krepppapierrolle abschneidet. Falls es für jüngere Kinder zu lang sein sollte, knickt man es einfach in der Mitte und lässt es die Kinder dort festhalten, sodass die offenen Enden nach unten zeigen.
Je mehr Farben zur Auswahl stehen, desto lebendiger und bunter wird dieser Regenbogentanz, der ausgesprochen wirkungsvoll ist und sich deshalb auch gut für ein Fest eignet.

So geht's:

Heute machen wir etwas ganz Besonderes: Wir spielen einmal Regenbogen. Sicherlich habt ihr schon einen echten Regenbogen am Himmel gesehen. Man entdeckt ihn immer dann, wenn es regnet und zugleich die Sonne scheint. Er strahlt dann in vielen bunten Farben am Himmel …
Und so verwandele ich nun jeden von euch in eine Farbe. Zusammen sind wir dann ein richtiger Regenbogen.

Die Tanzleitung geht herum und verteilt an jedes Kind eines der vorbereiteten Krepppapierbänder.

Nun rollt eure Bänder auseinander, damit sie beim Tanzen auch gut flattern können … Und dann stellt euch vor, wir sind ein wunderschöner Regenbogen, der am Himmel vor lauter Freude umhertanzt.

Musik wird eingespielt und alle tanzen im Raum umher und lassen ihre bunten Bänder dabei kreisen, fliegen, flattern und im Wind segeln.

Mögliche Tanzvarianten:

Wenn die Kinder viel Spaß an diesem Regenbogentanz haben, kann man ihn folgendermaßen erweitern:

- Die bunten Farben schließen sich beim Tanzen zu einer langen „Schlange" zusammen und tanzen gemeinsam umher, wobei der Erste der Reihe angibt, wo es langgeht.

- Beim Klang einer Triangel, kleinen Glocken oder einer Klangschale finden sich immer die gleichen Farben zusammen. Das setzt allerdings voraus, dass eine große Gruppe von Kindern mittanzt.

- Zu meditativer Musik wird mit den bunten Krepppapierstreifen ein schönes Bild oder sogar ein Mandala auf den Boden gelegt.

Tipp:

Da die Krepppapierstreifen wenig Platz benötigen, kann man sie gut aufbewahren und somit jederzeit wieder zum Tanzen verwenden.

Ich fliege durchs All

Musik:
Für diesen „schwebenden" Tanz eignen sich sphärische Klänge am besten.

Material:
Jeder Tänzer sollte zwei gleichfarbige Tücher bekommen. Insgesamt können die Farben der Tücher variieren.

So geht's:
Stellt euch vor, ihr seid ein Raumschiff und fliegt durch den Weltraum. Schwerelos gleitet ihr durch das All. Als Raumschiff besitzt ihr ganz viele Sensoren, mit denen ihr die Gegend, durch die ihr schwebt, erkunden und erfassen könnt.
Ihr schwebt neugierig und interessiert durch die Galaxie und schaut euch die Umgebung ganz genau an …

Die Musik wird eingespielt und die Kinder bewegen sich frei im ganzen Raum. Mit ihren Händen können sie die Wände, den Boden und ihre Mitspieler ganz sacht und behutsam ertasten oder mit ausgebreiteten Armen einfach nur durch den Weltraum fliegen und sich im Rhythmus der Musik treiben lassen …

Da entdeckt ihr in der Ferne einen blau leuchtenden Planeten. Neugierig fliegt ihr darauf zu …

Weitere Tanzvarianten:
Um den Kindern mehr Möglichkeiten aufzuzeigen, könnte man beispielsweise kleine Ziele setzen: Erkundet die Umgebung nur mit euren Armen oder setzt ausschließlich eure Beine und Füße als Sensoren ein. Welches Kind hat weitere Ideen?
Vielleicht fällt einem Kind ein, dass es auf einen Außerirdischen trifft, der nur auf einem Bein durch das All hüpfen kann.
Und das kleine grüne Männchen, das bei der Landung auf dem Mars angetroffen wird, kann nur rückwärts schweben …
Ein Kind könnte einen kleinen Stern erforschen, auf dem alle kriechen und krabbeln. Und auf dem nächsten Planeten scheint es einen Wackelkontakt zu geben: Dauernd wackelt alles beim Fliegen und Erkunden hin und her …
Es gibt unendlich viele Möglichkeiten, diese Tanzidee weiter fortzuführen und noch lebendiger werden zu lassen.

Tanz und dreh dich wie ein Kreisel

Musik:
Heitere, flotte Instrumentalmusik

So geht's:
*Bestimmt kennt ihr alle die schönen bunten Kreisel, die sich so herr-
lich drehen, wenn man sie richtig angekurbelt hat.*
*Stellt euch vor, dass ich euch alle kräftig ankurbel und ihr dann wie
die bunten Kreisel in einem riesigen Kinderzimmer umhertanzt und
euch lustig im Kreis dreht. Passt dabei bitte auf, dass ihr keinen der
anderen Kreisel beim Tanzen behindert …*

*Nun kurbel ich euch kräftig an … Und „ssst" los geht es, kleine
Kreisel! Tanzt und dreht euch geschwind …*

Tipp:
Wenn die Kinder nicht wissen, was ein Kreisel ist und wie er sich
bewegt, ist es natürlich schwer, als Kreisel zu tanzen. Hat man einen
Kreisel zur Hand, dann setzt man ihn vor dem Tanz mit den Kindern
auf den Boden und führt seine Drehbewegungen vor. Das inspiriert
die Kinder zusätzlich und motiviert zu tanzen.

Katz und Maus

Musik:
Dieses Tanzspiel sollte erst einmal ohne Musik durchgeführt werden, damit sich die Kinder ganz auf das Spiel einstellen und konzentrieren können.

Teilnehmer:
mindestens zwei Kinder

So geht's:
Ein Kind von euch ist die Katze, die anderen Kinder stellen neugierige Mäuse dar. Die Katze steht den Mäusen gegenüber, bewegt sich rückwärts und lockt die Mäuse dabei hinter sich her. Diese folgen mit trippelnden Mäuseschritten. Plötzlich stürzt die Katze vorwärts und versucht eine Maus zu schnappen. Doch die Mäuse huschen weg.

Wenn die Bewegungen von Katze und Mäusen einstudiert sind, kann man das Ganze als Pantomime mit Musikbegleitung umsetzen.

Material:
Evtl. Schminke, um die Kinder als Katze oder Maus kenntlich zu machen! Ebenso tut es aber auch ein aus Wolle gerollter oder geflochtener Mäuseschwanz: Er wird angebunden oder in die Hose gesteckt.

Tipp:
Mit einer Videokamera kann man das Katz-und-Maus-Spiel filmen und den Kindern hinterher vorspielen. So können sie ihre Bewegungen reflektieren.

Wie ein kleiner Schmetterling

Material:
Jeder Tänzer sollte zwei gleichfarbige Tücher bekommen. Die Farben können insgesamt variieren.

Musik:
Sehr gut eignet sich heitere, beschwingte Musik für den Schmetterlingstanz.

So geht's:
Stellt euch vor, ihr seid kunterbunte Schmetterlinge mit wunderschönen Flügeln. Ihr seid auf einer duftenden Blume aufgewacht und spürt, wie die Sonnenstrahlen euch zärtlich wachkitzeln ...

Oh, wie schön – so ein toller Tag!

Ihr reckt und streckt euch zur Sonne empor ...

Und dann breitet ihr eure bunten Flügel aus, lasst sie im Licht der warmen Sonne glitzern und fliegt in den blauen Himmel ...

Wie viel Spaß das Fliegen bei so gutem Wetter macht ...

Tipp:
Im Anschluss an diesen Tanz malen die Kinder ihren Schmetterling mit Wasser- oder Aquarellfarben. Vielleicht können die Kinder danach gemeinsam aus grünem Tonkarton eine Wiese gestalten, ein paar bunte Blumen hineinkleben und dies so an der Wand befestigen, dass die gemalten Schmetterlinge gemeinsam darüber fliegen können!

Tausendfüßler

Musik:
Melodien im 4/4-Takt, zu denen man gut marschieren kann.

Teilnehmer:
mindestens fünf Kinder

So geht's:
Stellt euch alle hintereinander auf! Der Erste in der Reihe geht los und macht dabei die Bewegung vor. Er kann Riesenschritte oder kleine Trippelschritte machen, er kann im Entengang gehen oder hüpfen … alle anderen folgen ihm und machen die Bewegung nach. Wenn ich in die Hände klatsche, tauschen wir. Der Erste läuft ganz schnell ans Ende der Schlange und der, der bisher hinter ihm lief, ist nun der Anführer. So bewegt sich der lustige Tausendfüßler durch den Raum.

Mögliche Tanzvarianten:
Bei verschiedenen vorher abgesprochenen Zeichen müssen ganz bestimmte Bewegungen ausgeführt werden. Ein Pfiff könnte z. B. eine Drehung um die eigene Achse bedeuten, ein Fingerschnippen bringt alle dazu, sich auf den Boden zu setzen …

Tipp:
Bei Kindergartenfesten kann man auch die Eltern teilnehmen lassen. Es werden alle ihren Spaß haben.

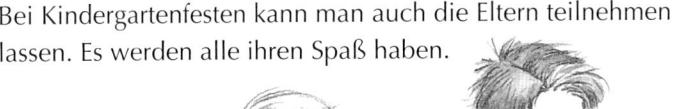

Komm her, du kleine Schmusekatze

Massagen für Kinder

Liebevolle Berührungen und regelmäßige Streicheleinheiten sind
für Kinder ebenso lebenswichtig wie eine gesunde Ernährung und
ausreichend Bewegung. Die Kinder lernen dadurch ihren eigenen
Körper besser kennen und erfahren, was ihnen gut tut und was nicht.
Sie lernen dabei in Worte zu fassen, welche Berührungen sie als
angenehm empfinden. Wenn sie auch selbst massieren, wird dadurch zudem ihre Feinmotorik enorm geschult. Sie lernen außerdem,
auf die Bedürfnisse des Partners einzugehen.
Je besser die Kinder ihren Körper kennen, desto leichter wird es
ihnen auch fallen, klar zu äußern, was sie fühlen, was sie möchten
und was sie gerne mögen. Vor allem lernen sie auch Dinge zu ver-
balisieren, die ihnen unangenehm sind oder ihnen gar Angst
machen. So werden sie stark gemacht, positive Grenzen zu setzen.

Aus diesen Gründen sollen in diesem Kapitel einige sehr kindge-
rechte Massagen vorgestellt werden, die sich auch ohne Vorkennt-
nisse umsetzen und anwenden lassen. Zusätzlich werden ein paar
Tipps gegeben, die dabei helfen sollen, dass die Massagen wirklich
wohltuend ankommen:

- Man sollte sich ausreichend Zeit zum Massieren nehmen. Streicheleinheiten zwischen Tür und Angel tun keinem gut. Weder
  demjenigen, der massiert wird, noch demjenigen, der massiert.

- Vor einer Massage sollte man selbst erst einmal richtig zur Ruhe
  kommen, denn Kinder haben ganz feine „Antennen" und spüren,
  wenn man innerlich aufgewühlt ist und zeitlich unter Druck steht.

- Wenn man sich den Aufbau und die Funktionsweise der Massage vorher klar macht, kann man sich besser auf das Kind einstellen und die einzelnen Schritte nach seinen Bedürfnissen variieren.

- Im Voraus sollte ein Zeichen abgesprochen werden, damit unangenehme Berührungen sofort gestoppt werden können. Dadurch wird Rückmeldung gegeben, ohne dass das Kind aus seiner tiefen Entspannung auftauchen muss.

- Man sollte sicherstellen, dass sich alle Beteiligten wirklich wohl fühlen. Am besten schaltet man für diese Zeit das Telefon aus oder den Anrufbeantworter an. Auch allen anderen, die sich im Haus befinden, sollte Bescheid gesagt werden, dass man eine Zeit lang ungestört sein will. Vielleicht hat das Kind ja Lust, ein passendes Türschild zu malen.

- Man schafft eine gemütliche Atmosphäre, indem man den Raum entsprechend abdunkelt und lediglich eine Lichterkette anmacht oder Kerzen anzündet, die warmes Licht verbreiten. Arbeitet man gern mit ätherischen Ölen, so spricht auch nichts dagegen, eine Duftlampe mit dem Lieblingsöl des Kindes aufzustellen. Das hilft zusätzlich beim Entspannen und Wohlfühlen.
  Zum Massieren kann man eine Decke auf dem spielzeugfreien Boden ausbreiten und mit Kissen ein gemütliches „Bett" bauen.

- Für eine angenehme Raumtemperatur sollte gesorgt sein. Derjenige, der massiert wird, darf auf keinen Fall frieren und sollte sich rundherum wohl fühlen.

- Man sollte seinem Gefühl vertrauen, sich aber auch darüber Rückmeldung geben lassen, welche Berührungen dem Kind gut tun und welche ihm unangenehm sind. Man darf nicht vergessen, dass es sich um Kindermassagen und keine fachgerechten, therapeutischen Anwendungen bei einem Erwachsenen handelt. Vielmehr soll es hierbei um Nähe gehen und darum, dass man sich und dem Kind etwas Zeit gönnt und ihm Gutes tut.

- Oftmals haben die Kinder, nachdem sie eine Massage genossen haben, große Lust auch selbst zu massieren. Wenn dies der Fall ist, führt man die Übung einfach noch einmal mit vertauschten Rollen durch und genießt die Massage des Kindes, das sie mit eigenen Worten kommentiert. Das tut richtig gut.

- Man kann solche Massagen in das tägliche Abendritual einbauen. Gerade vor dem Einschlafen wirken sie besonders beruhigend und entspannend. Oder man gönnt dem Kind diese Streicheleinheiten als Belohnung, z. B. nach den Hausaufgaben.

Die Elefantenherde

Hinweis:

Diese Massage eignet sich für Kinder sehr gut als Einstieg. Denn hierbei massieren die Kinder sich erst einmal selbst und bekommen so einen Eindruck davon, was ihnen gut tut und welche Berührungen eher als unangenehm empfunden werden. Dies ist eine wichtige Voraussetzung, wenn Kinder sich gegenseitig massieren. Denn zuerst müssen die Kinder an sich einige Erfahrungen gesammelt haben, um über die Möglichkeiten von Druck- und Berührungsvarianten Bescheid zu wissen.

Alles, was man für diese Massage braucht, sind die zu Fäusten geballten Hände.

So geht's:
Neulich hat mich mal eine Elefantenherde besucht – das war vielleicht lustig. Soll ich dir zeigen, was dabei passiert ist? Es war richtig klasse und danach hab ich mich so gut und voller Kraft gefühlt. Ich hätte Bäume ausreißen können!

Am besten stellen wir uns für diese lustige Massage hin. Dann machen wir mit beiden Händen lockere Fäuste. Die Hände sind die Elefantenherde, die über uns wegtrabt und uns dabei herrlich massiert. Als Erstes beginnen wir genau auf unserem Kopf und poltern dort erst einmal ganz vorsichtig umher – schließlich müssen wir ja erst miteinander vertraut werden.

Mit den beiden Fäusten wird der gesamte Kopf gut durchgeklopft. An den Stellen, an denen der Kopf empfindlicher ist, entsprechend den Druck reduzieren und vorsichtiger „poltern".

Nun haben wir die Elefanten schon etwas besser kennen gelernt und sind nun ganz mutig und lassen die Elefanten vorsichtig mit ihren schweren, großen Füßen durch unser Gesicht stapfen. Keine Angst, es tut überhaupt nicht weh.

Mit den Fäusten das Gesicht bearbeiten: Die Stirn gut durchklopfen, die Schläfen, ja selbst die Augen können beklopft werden, wenn entsprechend vorsichtig vorgegangen wird. Dann die Nase, beide Wangen, den Mund, das Kinn …

Tut das vielleicht gut! Schließe einfach mal einen Moment deine Augen und spüre deinen Kopf und dein Gesicht! Kannst du einen Unterschied zu vorher merken, als die Elefanten noch nicht bei dir gewesen sind?

In der Regel fühlt sich der Kopf angenehm wach und frisch an. Man spürt ein angenehmes, belebendes Kribbeln und ist wesentlich aufnahmefähiger und konzentrierter als vorher!

Dann stampfen und marschieren die Elefanten weiter … Den Hals hinunter und dann die Schultern herab. Das ist angenehm. Die Schultern werden dabei weich und warm …

Jeweils die rechte und linke Schulter gut durchklopfen.

Als Nächstes zieht die Elefantenherde den rechten Arm hinab, stampf, stampf, stampf …

Und daraufhin den linken Arm hinunter …

Danach geht es weiter den Oberkörper herunter, erst vorne …

Man klopft vorsichtig von oben nach unten.

… dann den Rücken – dabei müssen wir uns gegenseitig helfen …

Sich gegenseitig den Rücken durch Klopfen mit den Fäusten massieren, sodass jeder die Elefantenherde einmal auf seinem Rücken spüren konnte. Auch das sollte ruhig im Stehen durchgeführt werden.

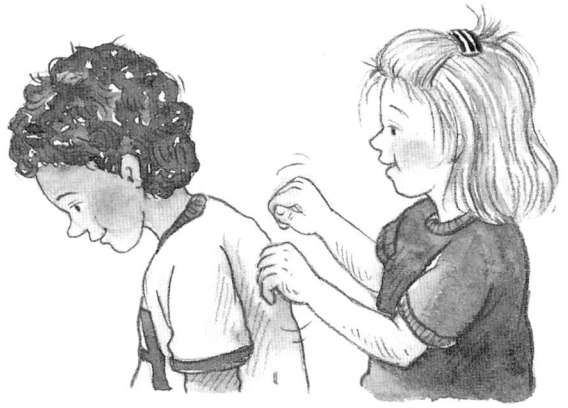

Jetzt poltern die Elefanten kräftig über den Po …

Mit beiden Fäusten auf den Po trommeln, soweit dies möglich ist, wenn man sich selbst massiert.

Und zu guter Letzt lernen die vielen Elefanten auch unsere Beine kennen. Beginne mit dem Bein, das dir lieber ist! Und denke daran, dass die Elefanten auch die Füße ansehen möchten …

Beide Beine und Füße werden nacheinander gut mit den eigenen Fäusten durchgeklopft.

So, und nun müssen wir uns von den Elefanten verabschieden. „Vielen Dank und kommt gut heim!" Jetzt können wir noch mal unsere Augen schließen und versuchen unseren Körper zu spüren. Wo können wir noch fühlen, dass die Elefanten dort vorbeigetrabt sind?

Im Anschluss an diese Massage sollte man sich unbedingt erzählen lassen, was die Kinder spüren konnten: Wie hat sich ihr Körper vor der Massage und dann zum Schluss angefühlt? Und wie war es, sich selbst zu massieren?

Tipp:
Am besten führt man diese Massage im Stehen durch. So hat man mehr Bewegungsfreiheit und kann besser agieren. Die Kinder sollten um sich herum ausreichend Platz haben, damit kein anderes behindert wird.

Man selbst sollte diese Massage unbedingt aktiv mitmachen, damit die Kinder sich nicht beobachtet fühlen. Außerdem tut man sich auf diese Weise etwas Gutes und kann den Kindern viel besser demonstrieren, wie die Massage richtig funktioniert.

Führt man diese Massage mit jüngeren Kindern durch, etwa ab drei oder vier Jahren, sollte man erst einmal nur ein einziges Körperteil auswählen, das von der „Elefantenherde" besucht wird. Denn den gesamten Körper intensiv zu massieren, dauert schon seine Zeit und kann junge, unerfahrene Kinder schnell überfordern, sodass Langeweile aufkommt. Das sollte man jedoch in jedem Fall vermeiden, da die Kinder die Massage als etwas Positives erleben, sich wohl fühlen und Spaß haben sollen. Wenn die Kinder von sich aus weiterexperimentieren und doch die ganze Geschichte hören wollen – umso besser.

Wir backen heute Kuchen

So geht's:
Das Kind legt sich der Länge nach auf den Bauch.

Wir backen heute Kuchen, hast du Lust? Als Erstes müssen wir den Küchentisch sauber machen, damit wir keine Krümel im Kuchen haben.

Mit der geöffneten, flachen Hand wird auf dem Rücken des Kindes, von den Schultern beginnend, rechts und links nach unten hin alles „gewischt".

Dann schütten wir einen Berg Mehl auf den Tisch. Kannst du fühlen, wie das Mehl leicht und sanft herunterrieselt?

Man beklopft ganz vorsichtig mit den Fingern beider Hände den gesamten Rücken des Kindes. Es sollte selbst bestimmen, wie fest diese Berührung sein darf.

Nach dem Mehl kommt der Zucker. Die Zuckerkörner rieseln schon ein wenig stärker als das Mehl. Spürst du das?

Der Rücken des Kindes wird mit den Fingerspitzen etwas fester bearbeitet.

Nun drücken wir eine kleine Mulde in die Mitte …

Um die Mulde darzustellen, streicht man mit den Fingern genau von der Mitte des Rückens aus sonnenförmig nach außen hin. Diese Berührung kann ruhig etwas länger und mehrmals hintereinander durchgeführt werden, weil sie als sehr wohltuend empfunden wird.

Man sollte sich nicht sklavisch an den Text halten. Je nach Vorlieben des Kindes können die Zutaten und die passenden Handgriffe variiert werden.

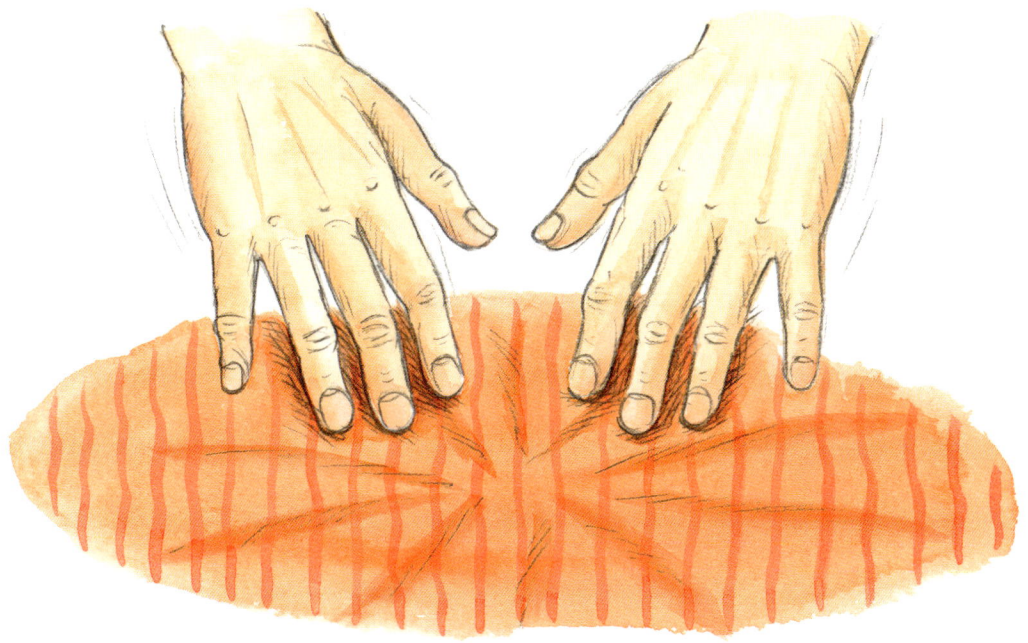

… und bröseln einen kleinen Würfel Hefe genau in die Mitte der Mulde.

Die Fingerspitzen in der Mitte des Rückens leicht bewegen.

Es fehlt nur noch etwas warme Milch. Inzwischen hat sie die richtige Temperatur, sodass wir sie über die zerbröselte Hefe schütten können. Mmh, wie angenehm warm sie ist. Die warme Milch verteilt sich im Teig.

Mit der geöffneten Hand über den gesamten Rücken streichen. Am besten macht man dies mit kreisenden Bewegungen.

Jetzt muss alles richtig gut durchgeknetet werden, damit sich die Zutaten gut vermischen.

Mit beiden Händen wird der Rücken des Kindes gut durchgeknetet. Aber Vorsicht! Man sollte nicht vergessen, dass ein Kind vor einem liegt, das auf Streicheleinheiten wartet, und kein Erwachsener, der einen verspannten Rücken hat.

Damit der Kuchen besonders gut schmeckt, drücken wir noch ein paar Mandeln in den Teig.

Mit der Unterseite des Daumens gleichmäßig mit sanftem Druck den Rücken berühren. Zu leicht darf diese Berührung nicht sein, weil sie sonst kitzelt und unruhig macht.

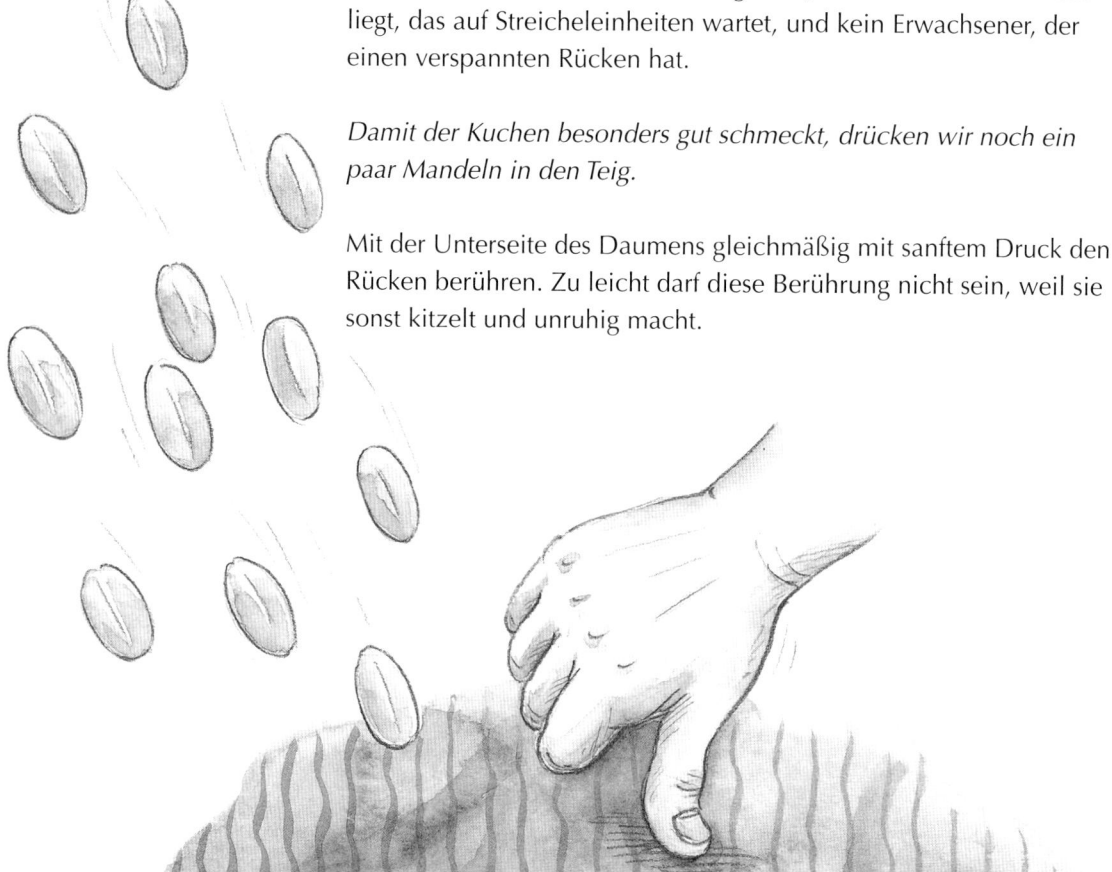

Bevor der Kuchen in den Ofen kommt, drücken wir ihn am Rand richtig zurecht. Schließlich soll er auch schön aussehen, denn das Auge isst ja mit.

Mit den Handkanten von außen nach innen zur Rückenmitte hin streichen. Das kann ruhig mehrmals wiederholt werden.

Nun aber rein in den warmen Ofen. Dort kann der Kuchen so lange bleiben, bis er goldbraun ist und wunderbar duftet. Spürst du die angenehme Wärme?

Die beiden Handinnenflächen werden ganz schnell aneinander gerieben, bis sie richtig schön warm sind. Dann legt man die geöffneten Hände flach und dicht nebeneinander auf den Rücken des Kindes. Die Hände bleiben eine Weile so liegen, bis die Wärme langsam nachlässt.

Die Küchenuhr klingelt, der Kuchen ist fertig. Nichts wie raus mit ihm aus dem warmen Ofen!

Mit beiden Handinnenflächen von der Schulter abwärts kräftig nach unten zum Po hin ausstreichen. Auch diese Berührung wird mehrmals wiederholt, bis sie zum Schluss hin langsamer wird und dann ganz ausklingt.
Das Kind kann noch einen Moment liegen bleiben und nachspüren. Es entscheidet selbst, wann es langsam wieder aufsteht und darf erzählen, wie es diese Massage empfunden hat.

Frische Morgendusche

So geht's:
Bei dieser Massage stehen die Kinder. Sie eignet sich wunderbar für
kleine Morgenmuffel, die einfach nicht richtig wach werden wollen.
Besonders erfrischend ist sie morgens vor der Schule oder dem Be-
such im Kindergarten, um einen tollen Start in den Tag zu haben und
ihn fröhlich und gut gelaunt zu beginnen.

*Stell dir mal vor, es ist noch früh am Morgen und du steigst ganz
müde und noch völlig verschlafen unter die Dusche. Du drehst das
Wasser auf und spürst, wie einige Wassertropfen auf deinen Kopf
fallen … plitsch … platsch …*

Das Kind steht mit dem Rücken zum Massierenden. Man kniet oder
steht hinter ihm und macht mit seinen Fingerkuppen die einzelnen
Wassertropfen nach, die auf den Kopf des Kindes fallen.

Immer mehr Wassertropfen klopfen auf deinen Kopf …

Jetzt tippt man nicht mehr mit einem einzelnen Finger, sondern trommelt im Wechsel mit allen zehn Fingerkuppen auf den Kopf.

Sie prasseln und klopfen auf deine Schultern …

Mit beiden Händen jeweils rechts und links auf die Schultern klopfen und den Wasserstrahl der Dusche nachahmen. Hier kann ruhig fester geklopft werden, da gerade die Schultern oftmals verspannt sind.

… klopfen auf deinen Rücken …

Mit den Fingerspitzen den gesamten Rücken des Kindes kräftig durchklopfen, sodass der Rücken gut durchblutet wird und Spannungen gelöst werden.

… und schließlich kommt so viel Wasser aus der Dusche, dass von deinem Kopf ein richtig kleiner Bach hinunterrinnt …

Mit den Händen ganz sanft vom Scheitel über den Rücken, Gesäß und Beine bis hinunter zu den Fußspitzen den Körper des Kindes ausstreichen. Man sollte dabei versuchen einen ruhigen, gleichmäßigen Rhythmus zu finden. Diese Bewegungen führt man mehrmals hintereinander durch. Sie werden als sehr wohltuend und befreiend empfunden.

Diese Massage eignet sich auch gut nach langen Hausaufgaben, um die Verspannung der Schultern zu lösen.

Nachdem dich das Wasser wunderbar wach gemacht und alle Müdigkeit von dir genommen hat, drehst du den Duschhahn langsam zu. Du spürst wieder die Wassertropfen, wie sie auf deinen Rücken klopfen …

Wieder mit allen Fingerspitzen auf den Rücken klopfen. Es sollten dabei alle Stellen des Rückens mit in die Massage einbezogen werden.

… auf deine Schultern …

Die Schultern werden noch einmal mit den Fingerkuppen durchgeklopft.

… dann auf deinen Kopf.

Auf dem Kopf nun ganz langsam tropfen und trommeln, bis die Wassertropfen zu guter Letzt nur noch vereinzelt spürbar sind, wie am Anfang.

Schließlich fühlst du dich rundherum wohl und springst gut gelaunt aus der Dusche. Jetzt musst du dich nur noch abtrocknen.

Mit den beiden Handinnenflächen das Kind von oben nach unten abrubbeln.

Kissenklopfmassage

Material:
zahlreiche Kissen

So geht's:
Für diese Massage braucht man mindestens drei Teilnehmer.

Ein Kind legt sich entweder der Länge nach auf den Bauch oder den Rücken. Die anderen decken das am Boden liegende Kind komplett mit Kissen zu. Nur der Kopf wird dabei ausgespart.
Dann verteilen sich die Massierenden gleichmäßig um das liegende Kind. Nehmen nur zwei weitere Kinder teil, sollten sich diese einander genau gegenüber setzen, jeweils neben das liegende Kind.

Sobald das liegende Kind mit den Kissen bedeckt wurde, beginnen
die anderen Kinder vorsichtig damit, auf die Kissen zu klopfen.
Dadurch wird das liegende Kind auf eine ganz wunderbare Weise
massiert. Durch die darüber liegenden Kissen fühlt es sich rundherum geschützt und geborgen.

Je nach Rückmeldung des Kindes, das gerade massiert wird, kann
das Klopfen verstärkt oder abgeschwächt werden. Sehr angenehm
ist auch ein wellenartiges An- und Abschwellen der Klopfstärke und
der Geschwindigkeit.

Am allerschönsten ist es, wenn die Kinder, die um das liegende Kind
herumsitzen, beim Klopfen den gleichen Rhythmus finden und gemeinsam beibehalten.

Tipp:

Haben die Kinder bereits einige Erfahrungen mit diesen Massagen
gesammelt, kann man im Hintergrund leise, meditative Musik ab-
spielen, die die Stimmung unterstützt.

Bei Kindern, die das erste Mal massieren oder massiert werden,
würde die Musik allerdings zu sehr ablenken.

Zu Besuch beim Orchester

Material:
zwei Holzschlägel von einem
Glockenspiel

So geht's:

Das Kind, das massiert wird, legt sich für diese Massage am besten auf den Bauch.

Stell dir mal vor, wir besuchen heute ein richtiges Orchester. Dort ist viel los, denn alle Musiker spielen auf ihren unterschiedlichen Instrumenten.
Als Erstes lernst du den Musiker kennen, dem die Trommel gehört. „Bumm … bumm … bumm … ", macht die Trommel. Du kannst den Trommelschlag richtig in deinem Körper spüren …

Mit den Fäusten (die Daumen nach außen) wird der gesamte Kinderrücken gut durchgeklopft. Besonders wohltuend ist dieses Trommeln in der Schulterregion. Aber bitte erst langsam beginnen und dann, nach einer kurzen Eingewöhnungsphase, kann etwas kräftiger getrommelt werden. In der Nierengegend muss ganz behutsam vorgegangen werden! Darauf sollte man die Kinder unbedingt hinweisen, falls sich diese gegenseitig massieren.

Als Nächstes spielt die Harfe – ein Instrument, das wunderschön klingt. Klar und rein sind seine Töne. Kannst du spüren, wie die Saiten der Harfe vorsichtig gezupft werden?

Mit Daumen und Zeigefinger wird der Rücken des Kindes leicht gezupft. Wie immer kann in der Gegend der Schulter etwas fester gezupft werden, weil dort häufig Verspannungen sitzen.

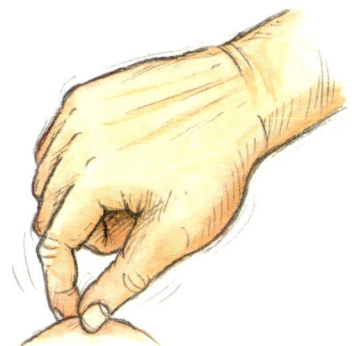

Hei, dort drüben spielt jemand auf einem großen Flügel. Der Flügel sieht ein bisschen aus wie ein Klavier, nur viel, viel größer! Eine Taste nach der anderen wird dabei heruntergedrückt. Wie schön sich die Töne anhören. Sei ganz still und hör gut zu …

Mit den Fingern beider Hände wird mit mäßigem Druck auf den Rücken getippt. Dabei sollte man sich Rückmeldung geben lassen, wie fest der Druck der Fingerkuppen sein darf, sodass er als angenehm empfunden wird.

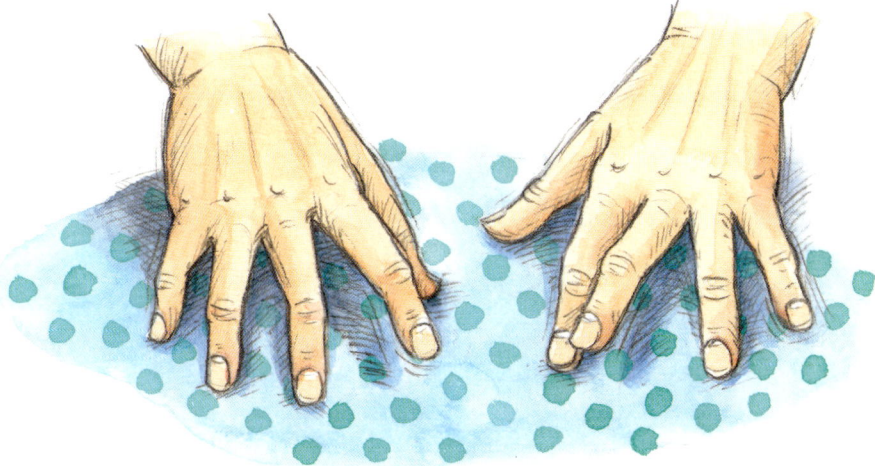

Und dort hinter dem Flügel steht ein großes Glockenspiel. Mit den Schlägeln wird eine ganz zarte Melodie darauf gespielt.

Mit den zwei Holzschlägeln beginnt man vorsichtig, den Rücken des Kindes zu „bespielen". Auch hierbei sollte man es erst behutsam angehen und die Berührungen nach einiger Zeit etwas fester werden lassen, so wie es für das Kind angenehm ist.

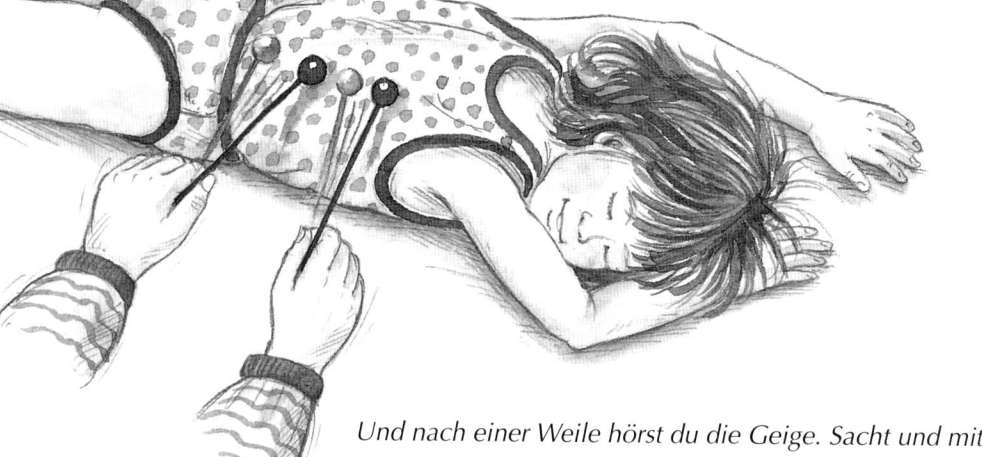

Und nach einer Weile hörst du die Geige. Sacht und mit sehr viel Gefühl streicht man über ihre Saiten, damit sie schön klingen und nicht zerreißen.

Mit dem Zeige- und Mittelfinger in Linien über den Rücken fahren und auf diese Weise den Rücken sanft streicheln.

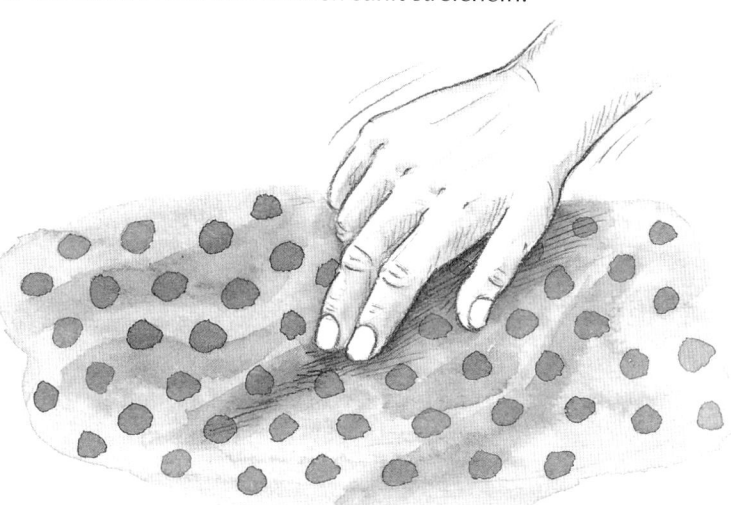

Und zum Schluss lernst du das Cello kennen. Es ähnelt der kleinen Geige von eben, aber es ist viel größer und steht auf dem Boden. Auch hier werden die Saiten gestrichen, sodass sanfte, tiefe Töne erklingen.

Mit der geöffneten Hand über den Rücken streichen und die Haut dadurch mit ruhigen Bewegungen massieren. Dieses „Instrument" sollte am Schluss der Massage stehen, weil es sehr beruhigend auf Kinder wirkt.

Tipp:

Falls Kinder noch eigene Ideen haben oder weitere Instrumente auf ihrem Rücken lebendig werden lassen möchten, sollte man diese Vorschläge aufgreifen. Umso mehr Spaß wird es den Kindern machen, weil die Massage auf diese Weise noch lebendiger und auch abwechslungsreicher wird. Das Kind kann seine Ideen auch selbst umsetzen, wenn die Rollen getauscht werden.

Ganz besonders schön und harmonisch wird diese musikalische Massage, wenn man richtige Musik mit einfließen lässt. So kann man etwa auf einer Leerkassette die entsprechenden Instrumente nacheinander aufnehmen. Für ungeübte Kinder reichen pro Instrument 30 – 60 Sekunden Musik vollkommen aus. Und je nachdem welches Instrument gerade zu hören ist, könnten die Kinder sich eine eigene Bewegung dazu ausdenken. Von unbekannteren Instrumenten sollte man zusätzlich Bilder oder Fotos zeigen.

Im Elfenreich

Hinweis:

Ob die Kinder sich für diese Massage auf den Rücken oder auf den Bauch legen, ist ganz egal – Hauptsache sie fühlen sich dabei richtig wohl. Schön ist es, wenn die Kinder das Streicheln der Feder auf der Haut gut spüren können. Deshalb ist es sinnvoll, wenn die Kinder lediglich mit einem T-Shirt und einer kurzen Hose bekleidet sind. Ist dies eventuell nicht möglich oder erwünscht, kann die Elfe das Kind mit der Feder auch an den Wangen oder an den Händen streicheln.

Material:
pro Kind, das massiert wird, eine große, möglichst flauschige Feder

So geht's:

*Stell dir vor, du machst einen kleinen Spaziergang über eine wunder-
schöne Wiese. Es ist eine richtige Zauberwiese, auf der Blumen in
allen erdenklichen Farben wachsen. Der Duft der Zauberblumen
lässt dich ganz ruhig werden und tief entspannen. Das Gras ist warm
und weich. Du suchst dir ein gemütliches Plätzchen auf der Zauberwiese und schließt die Augen …*

*Mit einem Mal steht eine Elfe vor dir. Eine richtige Elfe mit glänzen-
den, durchsichtigen Flügeln auf ihrem Rücken und einem glitzern-
den Kleid. In ihren Händen hält sie eine ganz weiche Feder. „Willkommen im Elfenreich!", begrüßt sie dich. „Du siehst müde aus! Soll
ich dich einen Moment massieren, damit du wieder zu neuen Kräften kommst?"*
*Du nickst begeistert und kuschelst dich noch tiefer ins weiche Gras
hinein …*

*Vorsichtig und ganz behutsam beginnt die Elfe dich mit ihrer Feder
zu streicheln. Spüre, wie sich die Feder auf deiner Haut anfühlt …*

Mit der Feder wird das Kind nun an beliebigen Stellen des Körpers gestreichelt: Die Hände, die Arme, die Beine und Füße, aber auch das Gesicht können damit gestreichelt werden – vorausgesetzt das Kind ist damit einverstanden. Im Gesicht lässt sich nicht jeder gern anfassen, vor allen Dingen dann nicht, wenn man sich noch nicht vertraut ist – wie beispielsweise in Eltern-Kind-Gruppen, deren Zusammensetzung häufig wechselt.

Nachdem dich die Elfe eine ganze Weile lang mit ihrer schönen, weichen Feder gestreichelt hat, streichelt sie dich nun mit ihren zarten Händen. Ganz vorsichtig streicht sie die ganze Anspannung aus dir und deinem Körper heraus.

Mit beiden Händen wird das liegende Kind von oben nach unten hin ausgestrichen. Dabei sollte unbedingt darauf geachtet werden, dass man einen gleichmäßigen, ruhigen Rhythmus findet. Beispielsweise kann man an einem Arm beginnen und von der Schulter an abwärts bis zu den Fingerspitzen streichen. Man sollte ausprobieren, welcher Druck dabei nötig ist, damit sich das Kind wohl fühlt. Wichtig ist nur, dass stets von oben nach unten – in Richtung der Füße – massiert wird.
Der Rücken wird zum Po hin ausgestrichen und die Beine vom Oberschenkel bis zu den Zehenspitzen. Selbst den Kopf kann man vorsichtig vom Scheitelansatz bis zu den Schultern ausstreichen, was als sehr wohltuend empfunden wird.

„Geht es dir nun besser?", fragt dich die schöne Elfe. „Oder soll ich dich noch weitermassieren oder an einer bestimmten Körperstelle noch einmal kräftiger ausstreichen?"

Je nachdem was das Kind antwortet, wird die gewünschte Körperstelle noch einmal etwas gründlicher behandelt.

Tipp:
Wenn die Kinder schon viel Erfahrung mit Massagen gesammelt haben, könnte man diese überaus wohltuende und beruhigende Massage mit schöner, meditativer Musik untermalen, die die Kinder zugleich einlädt, sich ins Elfenreich zu träumen.

Ach, wie tut das gut

Hinweis:

Bei dieser Massage ist es wichtig, bequem zu sitzen, sodass man sich in seiner Haltung wohl fühlt.

Das Kind sollte sich auf den Rücken legen und seinen Kopf zwischen die Beine des Massierenden betten.

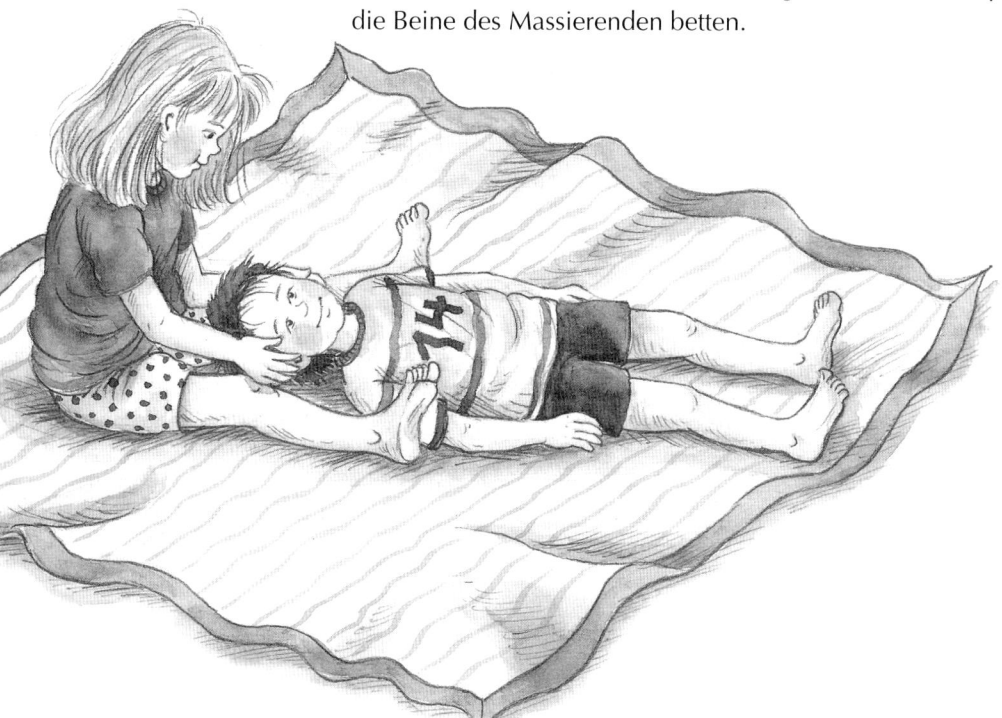

So geht's:

Heute möchte ich dich mal so richtig verwöhnen und deinem Kopf, vor allen Dingen aber deinem Gesicht etwas Gutes tun. Schließe einfach deine Augen und spüre meine Hände. Wenn dir irgendetwas unangenehm sein sollte, sag mir leise Bescheid …

Als Erstes nimmt man den Kopf des Kindes in die beiden geöffneten Hände. Das Kind sollte sich dem Massierenden anvertrauen und ganz locker lassen. Der Kopf wird ganz sicher gehalten.

Nach einer Minute (oder bei sehr zappeligen Kindern entsprechend kürzerer Zeit) legt man den Kopf vorsichtig zurück.

Dann legt man seine geöffneten Hände auf die geschlossenen Augen des Kindes, als wollte man diese vor dem Licht der Sonne schützen. Die auf den Augen ruhenden Hände sind sehr entspannend und gönnen den sonst so wachen Kinderaugen ausreichend Ruhe.

Nach etwa einer Minute nimmt man die Hände vorsichtig von den Augen und massiert mit seinen Fingern sanft und in kreisenden Bewegungen um die Augen herum. Die linke Hand massiert das linke Auge und die rechte Hand entsprechend das rechte Auge. Dabei sollte darauf geachtet werden, dass beide Hände im selben Rhythmus um die Augen herummassieren, damit das Kind diese Streicheleinheit auch wirklich als entspannend empfindet.

Anschließend streicht man gleichzeitig mit beiden Daumen die Schläfen des Kindes nach unten hin aus. Auch diese Bewegungen mehrmals mit leichtem Druck und in gleichmäßigem Rhythmus wiederholen.

Nun werden mit den Daumen die oberen Ränder des Mundes ausgestrichen. Man beginnt mit beiden Daumen in der Mitte und streicht ganz gleichmäßig nach außen um den Mund herum.

Hat man eigene Ideen, wie man das Gesicht des Kindes verwöhnen könnte, sollte man sich nicht scheuen, dies auch zu tun. Mit einem sauberen, weichen Kosmetikpinsel kann die Gesichtshaut leicht gekitzelt und sanft massiert werden. Man kann die Nase vom Nasenbein an nach unten hin ausstreichen, die Wangen zärtlich streicheln, als wollte man sie eincremen. Viele Kinder lieben es auch, hinter den Ohren oder an den Ohrläppchen massiert zu werden. Man kann das Kind danach fragen, was es sich noch wünscht.

Tipp:
Diese Massage eignet sich besonders gut zur Vorbereitung auf das Einschlafen, denn sie ist herrlich entspannend. Gerade am Abend ist das Kind noch mit sehr vielen Gedanken an den vergangenen Tag beschäftigt. Sie hindern das Kind häufig am Einschlafen. Um dabei zu helfen, diese Gedanken loszulassen, eignet sich die Massage hervorragend.

Die Reise zum Regenbogen

Fantasiereisen für gestresste Kinder

Fantasiereisen oder Entspannungsgeschichten, wie man sie in der Umgangssprache nennt, sind etwas Wunderbares. Sie laden uns ein ins unendlich weite Land der Fantasie, ermöglichen uns, eine Weile ganz ungestört zu träumen, und sorgen zugleich dafür, dass wir uns entspannen und neue Kraft für den Alltag tanken können.

Kinder lieben es, sich auf solche Traumreisen zu begeben, in denen alle Ängste und Sorgen vergessen sind und sie sich rundherum wohl und geborgen fühlen. Der oft stressbeladene Alltag wird dadurch für eine Weile einfach ausgeschaltet.

Diese Fantasiereisen sind keine herkömmlichen Vorlesegeschichten. Sie sind so aufgebaut, dass die Kinder selbst die Geschichte durchleben und mit ihren eigenen Ideen und Vorstellungen bereichern. Darüber hinaus enthalten sie bestimmte Elemente des autogenen Trainings, einer seit langem bewährten Entspannungsmethode: Die Vorstellung von „Ruhe", „Schwere" und „Wärme" lässt den Zuhörer tief entspannen und abschalten. Dadurch werden neue Kraftreserven mobilisiert und verbrauchte Energien wieder erneuert. Die Folge davon ist, dass die Kinder im Anschluss konzentrierter, wesentlich aufmerksamer und aufnahmefähiger, ausgeglichener und zufriedener sind. Es empfiehlt sich, diese Geschichten regelmäßig im Alltag anzuwenden, beispielsweise in der Mittagspause oder am Abend vor dem Schlafengehen. So können die Kinder sogar ihre Abwehrkräfte und ihr Immunsystem stärken. Auch psychosomatische Beschwerden wie beispielsweise Spannungskopfschmerzen, Allergien, Koliken und nervöse Schlafstörungen können dadurch gelindert werden.

Für diese Fantasiereisen sollen hier vorab noch einige Tipps mit auf den Weg gegeben werden, damit die Kinder dabei auch wirklich ausgiebig entspannen und träumen können:

- Man benötigt ausreichend Zeit und genug Ruhe, eine solche Fantasiereise vorzutragen und durchzuführen. Vor allen Dingen sollte man im Anschluss an eine solche Geschichte genug Zeit für ein Gespräch einplanen. Erfahrungsgemäß haben die Kinder viel zu erzählen und möchten ihre Erfahrungen, Eindrücke und Gefühle kundtun. Manche Kinder lieben es auch, anschließend ein schönes Bild zu der Fantasiereise zu malen, damit sie diese besser in Erinnerung behalten.

- Den Kindern sollte die Möglichkeit gegeben werden, es sich in aller Ruhe bequem zu machen und sich hinzulegen, bevor die eigentliche Fantasiereise beginnt. Wenn die Kinder liegen, sollten sie in jedem Fall einen Moment in sich hineinspüren, ob sie auch wirklich ganz bequem liegen und sie nichts mehr stört. Vielleicht möchte ein Kind noch seine Brille beiseite legen, einen Knopf am Hemd oder den Gürtel öffnen.
  Erst wenn wirklich Ruhe eingekehrt ist, jeder gut liegt und seine Augen geschlossen hat, beginnt die Erzählung.

- Man sollte die Fantasiereise mit ganz ruhiger Stimme erzählen und an ausreichende Pausen denken. Die kleinen Zuhörer sollen schließlich die Worte verinnerlichen und genug Zeit haben, um sich alles in den schönsten Farben auszumalen. Unruhige Kinder haben am Anfang Schwierigkeiten, die Stille zu ertragen. Um sie daran zu gewöhnen, beginnt man mit sehr kurzen Fantasiereisen.

- Am besten macht man es sich gemeinsam gemütlich. Eingekuschelt in eine warme Decke, gepolstert mit einigen Kissen und im Schein einer brennenden Kerze fällt es allen leichter, richtig abzuschalten und den Alltag hinter sich zu lassen.

- Jegliche Störungen während der Fantasiereise sollten vermieden werden. Jede Unterbrechung – ist sie auch noch so kurz – holt die Kinder unsanft ins Hier und Jetzt zurück!

- Eine solche Fantasiereise sollte man sich täglich gönnen. Wie wäre es in der Mittagspause, um neue Kraft zu schöpfen, oder am Abend als Gutenachtgeschichte, die das Einschlafen erleichtert und zu einem harmonischen Tagesausklang führt? Je häufiger Kinder diese Geschichten erleben dürfen, desto hilfreicher werden sie im Alltag sein. Die Kinder lernen abzuschalten, bewusst zu entspannen und ruhig zu werden. Mit der Zeit wird man gemeinsam mit den Kindern eigene Ideen für Traumreisen entwickeln.

Wichtiger Hinweis:

Das Zurücknehmen
Eine Fantasiereise ist vergleichbar mit einem Traum. Wird man daraus geweckt, so muss man sich erst orientieren, wo man ist. Ein abruptes Aufstehen könnte zu Kreislaufproblemen führen. Wie viel angenehmer ist es da, langsam wach werden zu dürfen und sich erst ein wenig zu räkeln, ehe man aufsteht. Deshalb ist es sehr wichtig, die Geschichte so ausklingen zu lassen, dass die Kinder langsam in die Realität zurückgeführt werden. Dazu werden die Kinder in der Geschichte an ihren Ausgangspunkt zurückgelotst. Fing die Fantasiereise beispielsweise im Kinderzimmer an, so endet sie auch dort.
Während der meditativen Reise werden Puls und Atemfrequenz beruhigt; der Körper ist völlig bewegungslos. Am Ende muss der Organismus also wie nach dem Aufwachen erst langsam wieder in Schwung gebracht werden. Dazu fordert man die Kinder auf, zunächst die Hände und Füße zu bewegen, sich ausgiebig zu recken und zu strecken und erst dann wieder aufzustehen, wenn sie sich dazu bereit fühlen.

Der Zauberteppich

Material:
Am schönsten ist es für die Kinder, wenn sie beim Zuhören dieser Fantasiereise wirklich auf einem bunten Teppich liegen können.

So geht's:

Schließe deine Augen und stell dir vor, es ist Nachmittag. Du bist in deinem Zimmer und langweilst dich. Deine beste Freundin (dein bester Freund) hat heute keine Zeit und allein zu spielen macht einfach keinen Spaß.

Du legst dich auf den bunten Teppich in deinem Zimmer und denkst angestrengt nach, was du tun könntest. Doch solange du auch überlegst, dir fällt einfach nichts Gutes ein …

Was war denn das? Hat da nicht gerade etwas ganz leise gesummt? Und tatsächlich, das Summen kannst du nun deutlich hören. Es ist nicht laut, aber es ist da! Du spürst ein leichtes Beben unter dir. Auf einmal beginnt der Teppich, auf dem du liegst, ganz sacht zu schaukeln … Plötzlich steigt er mit dir in die Luft! „Klasse", freust du dich. „Da habe ich doch tatsächlich einen richtigen Zauberteppich, von dem ich bisher nichts wusste!"

Ganz begeistert machst du es dir auf dem Zauberteppich bequem und fliegst ein paar Runden durchs Zimmer … mit deinem Körpergewicht kannst du ihn steuern …

Das macht vielleicht Spaß! Nachdem du einige Runden durch dein Kinderzimmer geflogen bist, lenkst du den Zauberteppich mit Hilfe deiner Gedanken geschickt durch die Tür hinaus in den Hausflur … Der fliegende Teppich schwebt höher in Richtung Dachboden. Wie aufregend das alles ist. Sacht fliegst du durch die alte Holztür auf den Speicher. Ein heller Sonnenstrahl fällt durch das Dachfenster, das offen steht. Ohne lange darüber nachzudenken, schwebst du auch schon auf deinem Zauberteppich dem Sonnenstrahl entgegen und durch das Fenster nach draußen …

Wie toll, einfach über die Dächer der Häuser zu fliegen. Das hast du dir schon immer gewünscht. Von hier oben gesehen sind die Häuser, Menschen und Autos so klein wie Spielzeug. Alles sieht auf einmal ganz anders aus …

Nachdem du über deine Stadt geschwebt bist und sie dir in Ruhe von oben betrachtet hast, entschließt du dich, noch höher zu fliegen. So steigst du auf deinem Zauberteppich noch ein ganzes Stück höher, in den blauen Himmel hinein …

Um dich herum schweben jetzt nur noch ein paar kleine Schäfchenwolken. Da entdeckst du in einiger Entfernung eine Wolke, auf der jemand sitzt und dir freundlich zuwinkt …

Die Wolke kommt langsam näher und du erkennst erfreut, dass darauf deine beste Freundin sitzt. „Hallo, ich hab schon auf dich gewartet. Schön, dass du endlich hier bist!", begrüßt sie dich. „Wie wäre es mit einer Partie Wolkenhüpfen?", schlägt sie dir vor. „Wolkenhüpfen?", fragst du verwundert, aber auch ein bisschen neugierig. Deine Freundin erklärt dir, wie es geht, und schon springt ihr gemeinsam von einer Schäfchenwolke zur nächsten … Das macht vielleicht Spaß, so durch den blauen Himmel zu hüpfen – einfach klasse!

Nach einer Weile bist du ganz außer Puste. Du verabschiedest dich von deiner Freundin und legst dich gemütlich auf den Zauberteppich. Wie gut das tut, einfach nur so dazuliegen und in den Himmel zu schauen …

Er ist so blau und weit …

Du empfindest eine große innere Ruhe … Ganz ruhig und vollkommen entspannt liegst du da … Dein Körper ist angenehm schwer … Deine Arme und Beine sind schwer, denn das Wolkenspringen war ganz schön anstrengend …
Die Sonne schickt ihre warmen Strahlen zu dir herüber. Sie umhüllen deinen Körper und halten ihn warm und geborgen … Du kannst spüren, wie die Wärme durch deinen ganzen Körper hindurchströmt und dich entspannt …

Ein Luftzug bewegt den Zauberteppich leicht und kaum spürbar hin und her … Du lässt dich vom Wind wiegen und träumst dabei vor dich hin …

Schließlich ist es an der Zeit zurückzufliegen. Geschickt lenkst du den Zauberteppich durch die Lüfte und landest schließlich wohlbehalten zu Hause in deinem Kinderzimmer. „Das war ja wirklich ein aufregender Ausflug", denkst du und freust dich, dass du so prima erholt wieder in deinem Zimmer angekommen bist.

Bitte das Zurücknehmen im Anschluss nicht vergessen! (Siehe S. 67)

Tipp:
Man kann die Kinder nach der Reise aus bunten Stoff- oder Wollresten einen kleinen „Teppich" weben lassen. Der erinnert sie an den wunderschönen Ausflug und bringt zudem sicherlich viele neue Ideen, wohin der Flug mit dem Zauberteppich das nächste Mal geht und was die Kinder mit ihm erleben könnten.

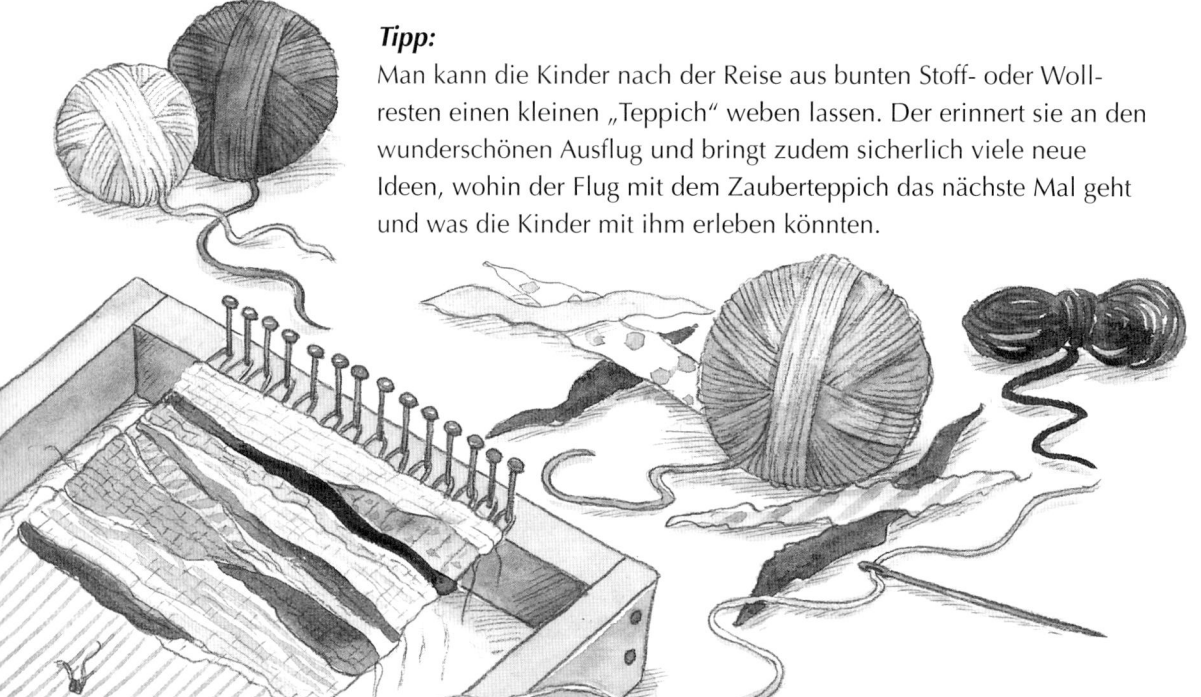

Nemo, der Delfin

Material:
eine schöne Muschel für jedes Kind

Hinweis:
Mit blauen Tüchern kann man das tiefe, weite Meer darstellen. Eine Lichterkette, die darunter liegt, sieht wie geheimnisvolles Meeresleuchten aus. Wenn man noch ein paar Muscheln dazulegt, entsteht eine anregende Atmosphäre und die Kinder werden neugierig. Auch eine Handpuppe in Form eines Delfins kann die Kinder zu dieser Fantasiereise einladen.

So geht's:
Schließe deine Augen … Ich möchte dich zu einer kleinen Reise ans Meer einladen …

Stell dir vor, du gehst an einem wunderschönen Strand spazieren. Es ist ein traumhafter Sommertag. Die Sonne scheint warm auf dich herab und lässt das Wasser des Meeres wundervoll glitzern und glänzen …

Während du durch den weichen Sand spazierst, spürst du, wie dir die vielen Sandkörnchen angenehm durch die Zehen rieseln und deine Füße sanft kitzeln …

Auf einmal entdeckst du draußen zwischen den Wellen einen Delfin.
Er zeigt dir tolle Sprünge und taucht geschickt unter den Wellen hin-
durch … Schließlich schwimmt er zu dir ans Ufer …

„Hallo!", begrüßt dich der Delfin. „Ich heiße Nemo! Wenn du Lust
hast, lade ich dich zu einem Ausflug ins Meer ein."
„Na sicher!", antwortest du. Wann wird man schon mal von einem
richtigen Delfin zu einem Ausflug eingeladen. Nemo reicht dir eine
Kette, an der ein kleiner Delfin aus glänzendem Perlmutt hängt.
„Hänge dir die Kette um den Hals! Dann kannst du unter Wasser
atmen."
Vorsichtig legst du die Kette um und betrachtest sie voller Stolz.
Dann kletterst du auf den Rücken des Delfins und hältst dich an
seiner Rückenflosse fest.
„Alles klar?", fragt Nemo.

„Alles klar!", antwortest du und schon schwimmt Nemo mit dir hinaus aufs weite Meer, das auf einmal ganz ruhig ist. Keine Welle ist zu sehen. Durch das klare Wasser kannst du fast bis auf den Grund des Meeres schauen. Was es dort alles zu entdecken gibt …

Nemo schwimmt mit dir umher und lässt dich auf seinem Rücken reiten. Weil dir das so gut gefällt, wagt ihr gemeinsam einige tolle Sprünge und taucht schließlich in die Unterwasserwelt ein. Es ist ganz leicht! Durch die Kette kannst du auch unter Wasser weiter-atmen …

Dann schwimmst du mit Nemo auf den Meeresgrund. Auf dem sandigen Boden entdeckst du Seesterne, die dir freundlich zuwinken … Auch die vielen Seeanemonen begrüßen dich. Wie elegant ihre Bewegungen sind. Es sieht aus, als würden sie im Wasser tanzen … Bunt schillernde Fische schwimmen neugierig auf euch zu …

Eine Qualle, die aussieht wie ein bunter Regenbogen, reicht dir sogar einen ihrer Arme, um dich im Meer willkommen zu heißen … Ein kleines Stück schwebt sie völlig schwerelos neben euch her und leistet dir Gesellschaft …

Schließlich kommt ihr an eine Muschelbank. Dort gibt es Muscheln in allen Farben und Formen, die du dir vorstellen kannst. Sie glitzern und glänzen im Licht der Sonne, das bis hinunter in die Meerestiefe leuchtet. Wie schön die Muscheln sind! …
Nemo schwimmt ganz langsam, damit du dir die Muscheln auch genau ansehen kannst …

Nachdem du genug gesehen hast, bringt Nemo dich wieder zurück an den Strand. Vorsichtig kletterst du von seinem Rücken herunter und bedankst dich für den wunderschönen Ausflug. Dann gibst du ihm die Kette zurück.
„Ich hab noch was für dich", sagt Nemo und schenkt dir zum Ab-schied eine kleine Muschel.
„Als Erinnerung an den Ausflug ins Meer und damit du mich nicht vergisst!", sagt der Delfin und springt zurück ins Wasser, das nun wieder schäumt und sanfte Wellen schlägt.

Du suchst dir am Strand einen schönen Platz und machst es dir gemütlich …

Ganz ruhig und vollkommen entspannt liegst du da und schaust aufs Meer hinaus … Du genießt die Ruhe und Stille um dich herum. Nur das leise Rauschen des Meeres ist zu hören.
Deine Arme und Beine liegen schwer und ganz entspannt im warmen, weichen Sand … du fühlst dich geborgen … Am schönsten ist die warme Sonne. Ihre Wärme umhüllt dich zärtlich … Du kannst spüren, wie die Wärme durch deinen ganzen Körper strömt und neue Energie in dir freisetzt … Das ist ein tolles Gefühl …
Und während du die Wellen betrachtest, fällt dir auf, dass diese ruhig und regelmäßig an das Ufer kommen und dann zurück ins Meer fließen … Genauso ruhig und gleichmäßig spürst du deinen Atem in dir … Wie die Wellen, die kommen und gehen … Ganz ruhig und vollkommen gleichmäßig …

Du fühlst dich nach der kleinen Pause wieder wunderbar erholt und voller Kraft. Du reckst und streckst dich, nimmst die Muschel in deine Hand und machst dich vollkommen glücklich auf den Heimweg …

Bitte nach der Geschichte nicht vergessen richtig zurückzunehmen! (Siehe S. 67)

Tipp:

Wie wäre es im Anschluss an diese Fantasiereise mit einem „Meeresmandala"? Das macht besonders viel Spaß, wenn mehrere Kinder daran teilnehmen.
Dazu legt man ein großes dunkelblaues Tuch auf den Boden, auf dessen Mitte man eine Wasserschale mit einigen Schwimmkerzen platziert, und stellt folgende Materialien bereit:

- Muscheln
- Steine
- Schneckenhäuser
- blaue Filz-, Tüll- und Stoffreste
- Papierschnipsel aus blauem Papier oder Alufolie
- Seesterne (z. B. selbst gebastelt aus braunem Tonkarton, auf den man Sand klebt)
- Delfine in verschiedenen Größen (z. B. aus grauem Papier ausgeschnitten)
- gebastelte Fische
- o. Ä.

Zu leiser, meditativer Musik, die an das Meer erinnert, können die Kinder um die Wasserschale aus den Materialien ein wunderschönes, sehr kreatives Mandala legen, das man zum Schluss unbedingt fotografieren sollte.

Wie ein kleiner Däumling

So geht's:

Schließe deine Augen und stell dir vor, du machst einen Spaziergang durch einen Zauberwald. Alles um dich herum wirkt hell und freundlich. Die Sonne, die hoch oben am blauen Himmel steht, scheint zu dir herab und lässt den Zauberwald in hellem Licht erscheinen …

Du schlenderst vergnügt umher und genießt die Ruhe im Wald. Du bist froh, einmal nichts tun zu müssen, nur das, was du gerade am liebsten möchtest. Und so wanderst du weiter durch den Zauberwald. Dabei lauschst du aufmerksam dem fröhlichen Gesang der bunten Vögel, die hoch oben in den Baumkronen sitzen und ihr schillerndes Gefieder von der Sonne wärmen lassen …

*Schließlich kommst du an einen kleinen See. Dieser See glänzt und
glitzert im Licht der Sonne. Du ziehst deine Schuhe und Strümpfe
aus und lässt deine nackten Füße ins Wasser baumeln …
Hm, das tut gut. Du merkst, dass das Wasser Zauberkräfte besitzt und
dir ganz viel neue Kraft schenkt, die nun durch dich hindurchströmt.
Sie prickelt zuerst in den Zehen, dann steigt sie höher und höher.
Es fühlt sich an, als hättest du Sonnenstrahlen in dir.*

*Während du so am Ufer des Sees sitzt, betrachtest du die Wasser-
oberfläche. Sie ist ganz still und unbeweglich. Toll, du kannst dein
Spiegelbild im See betrachten … Aber nanu, was ist es denn da
passiert?*

*Du betrachtest dein Spiegelbild. Hübsch siehst du aus, aber recht
klein. So klein wie der Däumling aus dem Märchen … Der Wald
hat dich winzig klein gezaubert. Das ist vielleicht lustig! Neben dir
entdeckst du ein großes Blatt. „Ob das Blatt mich wohl trägt, jetzt,
wo ich so klein bin? Dann könnte ich eine Reise auf den See unternehmen", überlegst du und umfasst mit deinen winzigen Händen
den Stil des Blattes.
Hau ruck – hau ruck … „Dass ein so winziges Blatt so schwer sein
kann, hätte ich nie gedacht", geht es dir durch den Kopf und du
musst alle Kraft aufwenden, um das Blatt ins Wasser zu ziehen …*

*Endlich ist es geschafft und das Blatt schwimmt wie ein kleines Boot
auf dem See. „Wie für mich gemacht", freust du dich und kletterst
auf das Blatt. Dort machst du es dir ganz bequem und schaust hoch
zu den Wolken, während du dich langsam auf dem Wasser des Sees
treiben lässt. Wie schön die Wolken aussehen – als wären sie lebendig. Immer wieder verändern sich die Wolken. Eine Wolke gleicht
einem wuscheligen Schaf … eine andere einer kleinen Hexe, die auf
ihrem Besen durch die Lüfte reitet … Eine besonders dicke Wolke
sieht aus, als wäre sie ein Boot, das durch den Himmel segelt …*

*Du machst einen Moment die Augen zu. Ganz ruhig und vollkom-
men entspannt liegst du auf deinem Blatt. Dein Körper ist angenehm
schwer … ganz schwer und völlig entspannt … Du lässt dich von der
Sonne wärmen … deine Arme und Beine sind warm…*

Nach einer Weile legst du dich auf deinen Bauch und benutzt deine kleinen Ärmchen, um das Blätterboot voranzutreiben. Es klappt und langsam kommst du so ein gutes Stück vorwärts. Du paddelst zu einem schmalen, ruhigen Bächlein, das vom See aus weiterfließt.
„Ach", denkst du, „dann soll der Bach mich tragen und ich kann mir die Gegend ansehen."
Und da schwimmst du auch schon mitten auf dem kleinen Bach.
Das Gras, das am Ufer wächst, ist riesig. Die saftigen grünen Blätter glänzen im Licht der Sonne.
Ein kleiner Marienkäfer, der auf einem der Grashalme saß, fliegt zu dir herüber und begleitet dich ein Stück. „Du hast ja ein tolles Boot!", staunt er und findet es lustig, mit einem Blatt auf dem kleinen Bach zu treiben. Im Vorbeifahren winkst du den Tieren am Ufer und im Wasser: einer Libelle, einem riesigen Frosch und einem Schwarm bunt schillernder Fische.

Schließlich hast du keine Lust mehr weiterzufahren und paddelst ans Ufer. Der kleine Marienkäfer hilft dir dabei.
Geschickt kletterst du von deinem Blätterboot und steigst den kleinen Hang hinauf. „Darf ich dein Boot behalten und noch eine Weile weiterfahren?", fragt der Marienkäfer. „Na klar!", antwortest du und wünschst ihm noch eine gute Fahrt.

Da entdeckst du einen Strauch, an dem lauter leckere Waldbeeren wachsen. „Wunderbar", denkst du, „das ist genau das Richtige. Mein Magen fängt schon an zu knurren …"
Also pflückst du dir eine Waldbeere und kostest sie. Sie schmeckt herrlich süß und ganz saftig. Weil sie so gut schmeckt, isst du gleich noch eine Beere. Dann bist du satt, schließlich ist dein Magen ja auch viel kleiner als sonst! Auf einmal spürst du ein sanftes Kribbeln in deinem Körper und schwupp! – ehe du dich versiehst, bist du wieder so groß wie vorher …

Du reckst und streckst dich und machst dich nun ganz gemütlich auf den Heimweg …
Fröhlich und gut gelaunt kehrst du schließlich nach Hause zurück.

Bitte die Geschichte deutlich zurücknehmen! (Siehe S. 67)

Tipp:
Es bietet sich an, mit den Kindern ein Gespräch darüber zu führen,
wie man sich als Däumling fühlt. Gibt es Situationen, in denen es
besser wäre, ein so kleiner Winzling zu sein? Oder hat es mehr Vor-
teile, groß zu sein?
Schön kann es sein, gemeinsam eine Collage von der Geschichte zu
kleben, die zum Ausdruck bringt, wie groß auf einmal alles um einen
herum war …

Die Schildkröte Carla

So geht's:
Schließe deine Augen und stell dir vor, du bist auf einer wunderschönen Insel. Um dich herum ist weißer, ganz feiner Sand. Du kannst aufs Meer hinausblicken und genießt die warme Sonne auf deiner Haut. Es ist wie im Paradies und du machst dich auf den Weg, diese zauberhafte Insel zu erkunden …

Plötzlich stößt du mit deinem Fuß an etwas, das im Sand liegt: Es ist eine große Schildkröte, die im Sand geschlafen hat. „Guten Morgen! Guten Morgen!", heißt dich die freundliche Schildkröte willkommen. „Man nennt mich Carla und wer bist du?" Du verrätst ihr auch deinen Namen und hockst dich zu der Schildkröte in den Sand. Carla wohnt schon auf dieser Insel, solange sie denken kann. Und deshalb schlägt sie dir auch vor, dich über die Insel zu führen. „Gute Idee", denkst du und nickst Carla zu.

„Dann klettere mal auf meinen Rücken!", bittet dich Carla und flink
kletterst du auf den Panzer der Schildkröte. Du bist ganz erstaunt,
was für eine tolle Aussicht man von hier oben hat. Das hättest du dir
nie gedacht. Ganz, ganz langsam setzt sich Carla in Bewegung.

Schritt für Schritt geht es vorwärts. Zwar gemächlich, aber es ist einfach toll. Vor allen Dingen, weil du auf diese Weise sehr viel Zeit
zum Schauen hast. So viele Dinge entdeckst du, die du sicher nicht
bemerkt hättest, wenn du weiterhin zu Fuß und allein über die Insel
spaziert wärst.
Neben dir im Sand siehst du eine wunderschöne Muschel. Als du sie
berührst, öffnet sie sich und darin liegt eine Perle, die so wunderschön aussieht, dass du den Blick nicht abwenden kannst … Wie sie
im Licht der Sonnenstrahlen funkelt und wie ein kleiner Regenbogen
leuchtet!

Ein kleines Stück weiter trefft ihr auf eine hübsche Schnecke, die
das prächtigste Schneckenhaus auf dem Rücken trägt, das du jemals
gesehen hast. Es scheint riesengroß zu sein, fast wie ein Turm, der
sich elegant wie eine Spirale bis zur obersten Etage windet …

„Ganz schön praktisch, so ein Schneckenhaus immer bei sich zu haben", findest du. Ebenso wie der Schildkrötenpanzer von Carla. Man ist immer zu Hause, egal, wo man gerade ist. In aller Ruhe kann man sich jederzeit zurückziehen, wenn man mal eine Pause braucht und ein wenig verschnaufen möchte … Die Schnecke hat einen besonders saftigen Grashalm entdeckt, den sie emporklettern möchte, und verabschiedet sich von euch. Sie winkt euch mit ihren Fühlern nach, bevor sie sich auf den Weg macht …

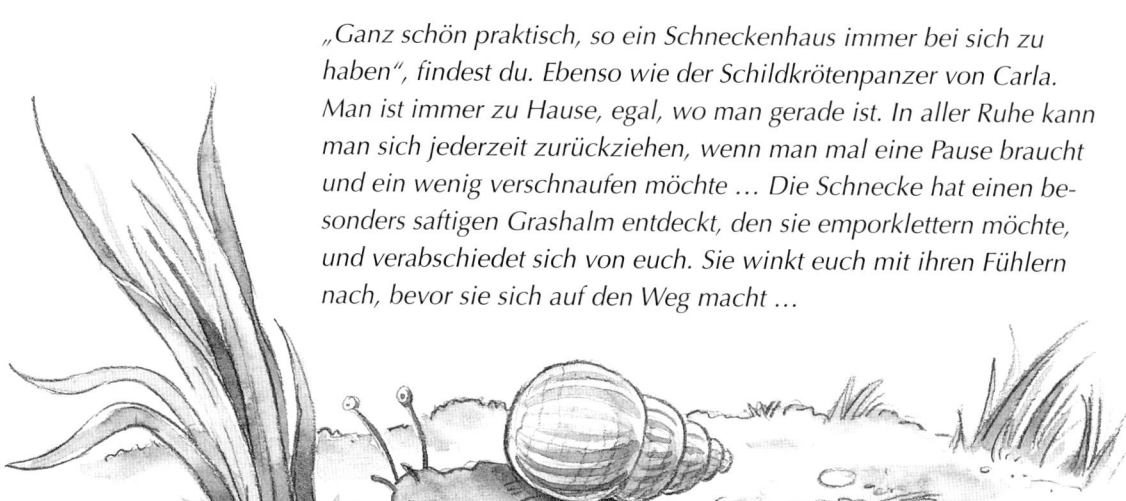

Als Nächstes kommt ihr an einen kleinen Bach. Carla tastet sich vorsichtig durch das seichte Wasser. Ganz erstaunt zeigst du Carla die vielen bunten Kiesel im Bach, die aussehen wie Bonbons in einem schönen Glas. Auch diese Steine hättest du wohl niemals bemerkt und so aufmerksam betrachten können, wenn du alles allein erkundet hättest. Denn meist geht man zu schnell und hat wenig Zeit, um die Gegend in Ruhe zu betrachten.
So eine Schildkröte ist schon ein tolles Tier. Immer hat sie Zeit und geht alles ganz gemütlich an …

*Nachdem ihr den Bach überquert habt, kommt ihr an eine kleine
Lichtung, an deren Rand viele Palmen und bunte Blumen wachsen.
Ihr sucht euch einen netten Platz, um etwas auszuruhen ...
Und während ihr so daliegt, spürst du, dass auch du mit einem Mal
vollkommen ruhig und entspannt bist ... Es scheint, als hätte Carla
dir etwas von der großen Ruhe geschenkt, die sie in sich trägt ...
Die Ruhe ist ein herrliches Gefühl, das dich sehr glücklich macht ...
Du spürst, wie dein Körper schwer daliegt ... einfach nur angenehm
schwer und entspannt ... Du lässt dich von der Sonne wärmen und
genießt die Sonnenstrahlen auf deiner Haut. Sie kitzeln dich an der
Nasenspitze und streicheln wie warme Finger über deinen Bauch.
Carlas Schildkrötenpanzer bewegt sich ruhig und regelmäßig auf und
ab ... auf und wieder ab ... Ebenso ruhig und gleichmäßig spürst du
deinen Atem. Auch dein Bauch bewegt sich beim Ein- und Ausatmen
ruhig auf und ab.*

*Nachdem ihr euch genug ausgeruht und ganz viel neue Kraft gesam-
melt habt, steht ihr auf. Da sich der Tag langsam dem Ende zuneigt,
macht Carla sich mit dir auf den Heimweg. Am weißen Sandstrand
wartet schon deine Mama auf dich. Sie breitet ihre Arme aus und du
läufst ihr entgegen – gemeinsam kehrt ihr nach Hause zurück.*

Bitte die Fantasiereise zurücknehmen! (Siehe S. 67)

Tipp:

Im Anschluss kann man mit dem Kind einen kleinen Spaziergang
unternehmen und sich dabei vorstellen, eine Schildkröte zu sein.
Man sollte versuchen alles um sich herum mit wachen, aufmerksa-
men Augen zu betrachten und sich viel Zeit und Ruhe dabei gönnen.
Denn es kommt nicht darauf an, eine lange Strecke zurückzulegen,
sondern vielmehr darauf, ein kleines Stück ganz intensiv zu „entdecken".

Vom kleinen Teufel

Hinweis:
Diese Geschichte ist sehr gut für Kinder geeignet, die häufig wütend
sind und dieses Gefühl gut kennen und nachvollziehen können.

So geht's:
*Stell dir mal vor, du wärst ein kleiner Teufel. Ein kleiner roter Teufel
mit einem langen Schwanz, schwarzen, zotteligen Haaren und zwei
kleinen Hörnern auf dem Kopf.*

*Heute Morgen hast du verschlafen. Eine geschlagene Stunde! Dann
bist du mit dem linken Bein zuerst aufgestanden. Außerdem hat dich
dein bester Freund verpetzt, und deine verflixte Schwester hat sich
einfach unerlaubterweise dein Zauberbuch ausgeliehen, aus dem du
eigentlich eine neue Verwünschung einüben wolltest! Doch ohne
das Zauberbuch fällt dir der richtige Zauberspruch einfach nicht ein.*

Du spürst, wie die Wut in dir tobt, immer wilder und stärker …

Dann hältst du es nicht mehr aus: Du springst vor lauter Verzweif-
lung und Wut in die Luft ... stampfst mit deinen Füßen auf den
Boden ... So laut du nur kannst, trampelst du umher ... Sollen doch
alle sehen, dass du kleiner Teufel richtig wütend bist!

Du brüllst und schreist alle Wut aus dir heraus, immer lauter und
schriller ... weg mit der verdammten Wut ... zum Teufel noch mal ...
Richtig fuchsteufelswild bist du nun ... Es könnte dich vor lauter Wut
einfach zerreißen, mittendurch ... Du könntest alles zerfetzen und
zerschlagen!

Nachdem du schließlich genug gewütet hast, legst du dich müde
und erschöpft in dein Bett ... Das hat vielleicht gut getan, denkst du
noch: Die Wut ist weg, nicht mehr da. Du hast alle Wut erfolgreich
hinausgebrüllt und weggetobt.

Jetzt wo die Wut verraucht ist, fühlst du dich ganz leicht. Wie eine
Feder schwebst du hoch über deinem Bett. Glücklich, leer und
schwerelos. Aber mit der Zeit wirst du müde. Du schwebst langsam
nach unten und landest dann sanft auf deinem Kissen. Dein Körper
ist schwer und warm. Mit jedem Atemzug sinkst du tiefer in dein
Bett. Du bist so müde – und so glücklich.

Die Geschichte wird durch das Zurücknehmen beendet. (Siehe S.67)

Tipp:
Die Kinder könnten einen kleinen Teufel aus buntem Tonkarton
basteln. Vielleicht hilft er das nächste Mal, wenn sich ein Wutanfall
ankündigt. Man muss ihn nicht selbst austoben, sondern kann in
Gedanken den kleinen Teufel wüten lassen.
Oder man gestaltet mit den Kindern einen Handpuppen-Teufel.
Handpuppen sind oft sehr hilfreich, besonders dann, wenn es um die
Artikulation von Gefühlen geht. Kinder vertrauen sich einer solchen
Puppe häufig lieber an als Erwachsenen.

Wie ein Feuer in mir

Hinweis:
Diese Geschichte ist besonders gut für Kinder geeignet, die regelmäßig mit Gefühlen wie Zorn, Ärger und Wut zu kämpfen haben.

So geht's:
*Stell dir vor, du hattest heute einen schlechten Tag. Alles ist schief
gegangen. Ärger und Zorn liegen dir schwer im Magen und du weißt
einfach nicht, wie du diese schlechten Gefühle loswerden kannst. So
sehr du auch darüber nachdenkst, dir fällt nichts ein, was dir helfen
könnte.*

*Verzweifelt legst du dich auf dein Bett und schließt die Augen. Dabei
merkst du, wie dein Zorn dich in den Magen piekst und drückt …
Je mehr du versuchst, die Wut wegzuschieben, desto deutlicher
spürst du sie …
Da siehst du auf einmal vor dir eine klitzekleine Elfe. Sie ist wunderschön und hat an ihrem Rücken zwei gläserne Flügel, die in allen
Regenbogenfarben glitzern.
„Ich möchte dir helfen", sagt die Elfe mit sanfter, glockenheller
Stimme. „Ich werde dir zeigen, wie du von jetzt an mit deinem Ärger
und Zorn fertig werden kannst!" „Das ist ja toll", denkst du und
nickst der kleinen Elfe neugierig zu. „Pass auf, das ist eigentlich ganz
einfach!", erklärt dir die Elfe. „Du lässt deine Augen am besten
geschlossen und stellst dir vor, dass dein Ärger ein kleines Feuer
wäre, das in dir brennt. Schau dir dein Feuer genau an." Die Flammen lodern hell und wütend. Lass es noch eine Weile brennen …*

*Nach einiger Zeit vernimmst du wieder die zarte Stimme der kleinen
Elfe. „Weißt du, kleines Menschenkind, ein Feuer kann nur dann
brennen, wenn es genug Nahrung bekommt. Erhält es die nicht,
werden die Flammen immer kleiner, bis das Feuer nach und nach
erlischt und nur ein kleines Häufchen Asche zurückbleibt. So ist es
auch mit deinem Ärger. Nur dann, wenn du deinem Ärger eine
Chance lässt und es neue Dinge gibt, über die du zornig oder ver-
ärgert bist, wird er dir weiterhin schwer im Magen liegen und Kummer bereiten. Wenn du aber versuchst, nicht mehr ärgerlich zu sein
und die Dinge ohne Wut siehst, fehlt deinem Feuer der Brennstoff.
Du wirst wieder froh und glücklich. Probiere es einfach aus!" Dann
ist die Elfe auf einmal verschwunden.*

*Während du über ihre Worte nachdenkst, siehst du vor deinen
Augen wieder das kleine, flackernde Feuer. Du stellst erstaunt fest,
dass die Flammen längst nicht mehr so groß sind wie eben …
Während du in dich hineinhorchst, bemerkst du auch, dass der Ärger
in dir gar nicht mehr so groß ist. So schlimm waren die Dinge ja
eigentlich auch wieder nicht … Dein Ärger wird immer dünner und
kleiner. Je weniger dich alles ärgert, desto kleiner werden die Flammen des Feuers … Immer kleiner und kleiner, bis auf einmal auch
der letzte Funke des Feuers in dir erloschen ist …*

Du fühlst dich gut und merkst, dass dir die kleine Elfe sehr geholfen hat. Du fühlst dich leicht und erlöst und voller Liebe. Du spürst, wie neue Kraft in dir fließt und dass auch deine Energiereserven wieder aufgefüllt sind.

Doch bevor du wieder aufstehst, genießt du noch einen Moment lang die angenehme Ruhe um dich herum. Es gibt nichts, was dich stört oder ablenkt. Du spürst deinen Körper, der vollkommen ruhig und entspannt daliegt. Er ist angenehm schwer und warm. Du fühlst dich geborgen und rundherum glücklich …

Die Geschichte wie immer durch das Zurücknehmen beenden!
(Siehe S. 67)

Tipp:
Im Anschluss empfiehlt sich die „Elfenmassage" von Seite 59.

Mit Pinsel und Farbe

So geht's:
Stell dir vor, du spazierst über eine wunderschöne Wiese …
Richtig ruhig ist es hier und es gibt an diesem Ort nichts, was dich
ärgern könnte. Trotzdem hast du noch bittere Wut im Bauch, weil
heute Morgen ein paar Sachen nicht so gelaufen sind, wie du es dir
vorgestellt hast …

Du schlenderst über die herrliche Wiese und kommst zu einem
riesigen Baum. Der Baum muss schon sehr alt sein, denn er hat
einen dicken Stamm und eine mächtige Krone, die viel Schatten
spendet …

Unter diesem Baum steht eine große Leinwand. Darunter liegt eine
Palette mit Farben und allerlei Pinseln. Du hebst die Palette mit den
Farben auf und betrachtest sie: Vom fröhlichsten Zitronengelb bis
zum düstersten Violett sind alle Farben zu finden.

Mit einem Mal kommt dir eine Idee. Wenn du deine Gefühle malen würdest – riesengroß auf die Leinwand – dann würde es dir bestimmt wieder gut gehen.
Du nutzt die Gelegenheit und beginnst zu malen … Erst nimmst du einen dünnen Pinsel, mit dem du feine Striche aufträgst, dann einen dicken Pinsel … Mit den Farben, die zu deinen Gefühlen passen, bemalst du die ganze Leinwand … Aber die Wut kommt nicht heraus. Da packst du das Rot und klatschst es auf die Leinwand. Mit großen, harten Bewegungen wirfst du das Orange und ein grässliches Blau hinterher. Die Farben spritzen nur so! Immer mehr Farben feuerst du auf die Wand …
Als dir die Farben ausgehen, ist auch die Wut verraucht. Auf der Leinwand prangt dein Wutbild.

Du legst die Palette mit den Farben unter die Leinwand und wäschst die Pinsel in dem kleinen Bach aus, der leise plätschernd am Rand der Wiese fließt. Dann setzt du dich ins weiche Gras und betrachtest dein Kunstwerk … Richtig toll ist es geworden! Du schaust dir die bunten Farben an und die gemalten Formen … Du lässt dein Bild in aller Ruhe auf dich wirken …

Dann legst du dich auf die Wiese und ruhst dich eine Weile aus. Ganz ruhig und vollkommen entspannt liegst du da … Du fühlst dich frei und glücklich. Keine Gedanken stören dich und du spürst, wie sich innere Ruhe und eine große Zufriedenheit in dir ausbreiten … In deinem Körper nimmst du eine angenehme Schwere wahr, und die Sonne, die am blauen Himmel leuchtet, wärmt dich mit ihren Strahlen. Du bist in das warme, helle Licht der Sonne ge- hüllt und fühlst dich glücklich wie nie zuvor. So geborgen und wohlig! Die Wärme der Sonne strömt über deine Haut und durch deinen Körper hindurch. Das tut vielleicht gut …

Langsam ist es nun an der Zeit, dich auf den Rückweg zu machen. Doch bevor du gehst, wirfst du einen letzten Blick auf die Leinwand mit deinem Bild. Das Licht der Sonne fällt darauf und lässt die Far- ben leuchten …

Im Anschluss bitte deutlich zurücknehmen! (Siehe S. 67)

Tipp:

Es lohnt sich, seine Gefühle einmal mit Farben zum Ausdruck zu bringen.

Beim nächsten Wutausbruch sollte man die Kinder frei mit Farben experimentieren lassen. Je mehr Platz ihnen dabei zur Verfügung steht, desto besser. Die Kinder können mit dicken Pinseln und Abtönfarben auf Tapetenresten malen oder ihre Wut mit Kreiden und Wachsmalstiften auf einem riesigen Blatt Tonpapier austoben. Ob in bestimmten Bildern, wie beispielsweise einem lodernden Feuer, oder vollkommen abstrakt, ist jedem selbst überlassen. Jeder malt seine Gefühle so, wie er sie empfindet. Es ist erstaunlich, was für ausdrucksstarke Bilder dabei herauskommen!

Es bietet sich an, diese Gemälde in einer besonderen Sammelmappe aufzuheben und die Gefühle der Kinder darunter zu vermerken. Vielleicht entdeckt man bei einem der nächsten Bilder dieser Art Unterschiede oder sogar kleine Erfolge, weil die Kinder damit wirklich eine gute Möglichkeit haben, ihre Wut im wahrsten Sinne des Wortes herauszulassen.

Im Traumgarten

Material:
Wunderbar wäre hierfür
natürlich eine richtige
Hängematte, in der die
Kinder beim Zuhören liegen
und sanft schaukeln könnten.
Man kann aber auch im
Anschluss mit den Kindern
einmal Hängematte spielen
und jeweils eines der Kinder
in einer großen Decke
„wiegen"!

So geht's:

Stell dir vor, du bist in deinem Traumgarten. Schau dich ruhig eine ganze Weile dort um. Dieser Garten gehört dir ganz allein und du darfst dir auch wünschen, wie dein Traumgarten sein sollte, was man dort sehen kann und was es da für Dinge gibt. Lass dir Zeit dabei, dir deinen Traumgarten in aller Ruhe auszumalen … Hier steht ein großer Fliederbusch und links plätschert ein kleiner Bach. Am Gartenzaun wachsen duftende Rosen … Vielleicht hörst du eine Biene summen oder einen Vogel zwitschern …

Nun machst du dich daran, durch deinen Traumgarten zu spazieren. Du bist erstaunt, wie schön er geworden ist. Am meisten aber freut dich, dass es dein Garten ist und er dir alles gibt, was du brauchst. Eine Zeit lang bist du damit beschäftigt, dich in deinem Garten umzusehen … du wanderst umher … und kletterst auf alle Bäume.

Nachdem du in deinem Traumgarten herumgetobt hast und nun etwas Ruhe gebrauchen kannst, gehst du zu deiner Hängematte. Sie hängt zwischen zwei großen, sehr kräftigen Bäumen und lädt zum Schaukeln ein …

Du kletterst in die Hängematte und machst es dir dort so richtig gemütlich. Du findest auch einige Kissen und eine weiche, warme Decke dazu …
Nun liegst du richtig bequem und fühlst dich rundherum wohl …
Alle Sorgen, die dich schon dann und wann einmal quälen, sind hier wie weggeblasen. Nichts stört dich oder lenkt dich ab …

Ruhig und entspannt liegst du in deiner Hängematte … Schwer, wunderbar schwer fühlt sich dein Körper an. Das ist ein schönes Gefühl und die Hängematte hält dich dabei ganz sicher und geborgen … Zwischen den Baumkronen leuchten ein paar Sonnenstrahlen. Sie sind angenehm warm und streicheln deine Haut …
Ganz besonders gut kannst du die Wärme der Sonnenstrahlen in deinen Armen und Beinen spüren … Die Wärme strömt durch dich hindurch und verteilt sich im ganzen Körper …

*Und wie du so daliegst, kommt ein kleiner, freundlicher Wind, der
dich in der Hängematte ganz sanft wiegt … hin und her … her und
hin … Ganz ruhig und regelmäßig schwingst du in deiner Hängematte … genauso ruhig wie du atmest.*

Nachdem du nun genug neue Kraft gesammelt hast und Zeit hattest, mal etwas für dich zu tun, steht der Heimweg an. Du verabschiedest dich von deinem Traumgarten, riechst noch mal an den Rosen und dem Flieder, öffnest das quietschende Gartentor und gehst langsam nach Hause zurück. Dieser schöne Garten ist immer für dich da, er gibt dir alles, was du brauchst. Du weißt, dass du jederzeit in deinen Garten zurückkannst, wenn du Lust dazu hast.

Bitte die Geschichte unbedingt durch das Zurücknehmen beenden. (Siehe S. 67)

Wie eine Blüte auf dem Wasser

Material:
ein Din-A4-großes Stück Tonkarton pro Kind und Pastellkreiden

Hinweis:
Diese Fantasiereise setzt voraus, dass die Kinder bereits einige Erfahrungen mit solchen Geschichten gemacht haben und wissen, wie diese ablaufen. Wenn die Kinder schon viele Fantasiereisen erlebt haben, könnte man die Geschichte durch zarte meditative Musik positiv unterstützen.

So geht's:

Schließe deine Augen und versuche einmal, ganz aufmerksam dein Herz in dir zu spüren. Spürst du dein Herz, wie es ruhig und regelmäßig in dir schlägt?

Wenn du magst, darfst du einen Moment lang deine Hand auf dein Herz legen, damit du es besser spüren kannst. Sei ganz vorsichtig und behutsam dabei …

Das Herz ist das Kostbarste in deinem Körper. Denn ohne Herz kann ein Mensch nun mal nicht leben …
Stell dir jetzt vor, dein Herz, das tief in dir schlägt, ist eine wunderschöne Blüte, die auf einem klaren See schwimmt. Schau dir diese Blüte in aller Ruhe eine Weile an und betrachte ihre Form und ihre Farbe.

Diese Blüte ist wunderschön anzusehen. Prächtig und stolz treibt sie auf dem klaren Wasser …

Wenn die Sonne scheint, öffnet sich die prächtige Blüte, um neue Kraft zu sammeln und um die angenehme Wärme der vielen Sonnenstrahlen in sich aufzunehmen … Die Wärme der Sonne schenkt der Blüte neue Kraft und Energie. Dabei fühlt sich die Blüte ganz sicher, geschützt und geborgen …

(An dieser Stelle würde es sich anbieten, eine Pause von etwa ein bis drei Minuten zu machen und diese mit entsprechender Musik leise zu untermalen.)

Das Wasser wiegt die Blüte ganz vorsichtig und sacht … Ganz ruhig und sanft schaukelt die Blüte auf der Wasseroberfläche hin und her … ganz ruhig und regelmäßig …

Nun spüre wieder dein Herz … Auch das schlägt ganz ruhig und regelmäßig in dir …
Lass dir noch einen Moment Zeit, um neue Kraft zu sammeln …

Die Geschichte bitte wie gewohnt beenden. (Siehe S. 67)

Anmerkung:

Im Anschluss an diese Fantasiereise, die eigentlich eine kleine Meditation ist, sollte man den Kindern unbedingt die Möglichkeit geben, ihre ganz persönliche Blüte zu malen. Am schönsten sieht dies mit Pastellkreide aus, weil man diese wunderbar verwischen kann. Dieses „edle" Material passt sehr gut zu dieser Übung, da unser Herz ja auch etwas ganz Besonderes ist, das wir hüten und pflegen müssen. Natürlich funktioniert dies auch mit Wachsmalstiften, Ölkreiden oder Wasserfarben.

Ein Überraschungspaket

Material pro Kind:
ein kleines Stück Papier, auf dem steht „So wirst du mutiger …" und ein Stift; je nach Problemlage kann auf dem Zettel auch der Beginn eines Lösungssatzes für ein anderes Problem stehen. Beispiel: „So wirst du ruhiger …"

Diese Fantasiereise ist für ältere Kinder gedacht, die schon schreiben können und in der Lage sind, ihre Probleme zu reflektieren.

So geht's:
Stell dir vor, du sitzt in deinem Zimmer. Dort hast du es dir richtig gemütlich gemacht und aus vielen Kissen und Decken ein kuscheliges Nest gebaut. Neben dir steht eine Tasse mit warmem Kakao und eine Schale mit deinen Lieblingskeksen. So genießt du den Tag und lässt einfach mal die Seele baumeln. Es tut so gut zu entspannen und einfach mal nichts zu tun …

*Du denkst über den heutigen Tag nach und stellst fest, dass du
eigentlich gar nicht so mutig bist, wie du es dir wünschst. Immer
wieder gerätst du in Situationen, in denen dir der Mut fehlt, etwas
zu tun. Nicht selten passiert es, dass dich andere Kinder deshalb
auslachen und sich über dich lustig machen. Das kränkt dich furchtbar und du würdest gern etwas daran ändern.
Sosehr du aber darüber nachdenkst, dir fällt einfach nicht ein, wie.*

*Plötzlich klingelt es an der Wohnungstür. Als du nachsiehst, wer
geklingelt hat, ist niemand mehr da – aber es liegt ein Päckchen vor
dir auf dem Boden. Als du es aufhebst, um es mit in die Wohnung zu
nehmen, siehst du, dass es an dich adressiert ist. Also nimmst du es
mit in dein Zimmer und kuschelst dich samt Überraschungspäckchen
wieder in dein gemütliches Nest aus Kissen und Decken …*

*Gespannt nimmst du dir das Päckchen vor und beginnst es auszu-
packen …
In dem Päckchen entdeckst du unter einigen Lagen Seidenpapier
ein weiteres Päckchen … Du öffnest es und findest wieder Seidenpapier … Als du das Papier herausnimmst, findest du wieder ein
neues Päckchen …*

Schließlich findest du in der allerkleinsten Schachtel ein zusammengerolltes Papier, das von einer Schleife gehalten wird. Auf der Schleife kannst du lesen, dass diese Nachricht nur für dich ganz allein bestimmt ist. Voller Spannung löst du die Schleife und rollst das Papier auseinander …

„So wirst du mutiger …" steht da in großen Druckbuchstaben. Aufmerksam und neugierig liest du weiter, was dort alles geschrieben steht. Schließlich warst du ja soeben auf der Suche nach einer passenden Lösung …

Nachdem du deine geheime Nachricht in aller Ruhe gelesen hast, atmest du erleichtert auf … Dass du nicht schon selber darauf gekommen bist! Jedenfalls bist du unendlich dankbar und wirst es beim nächsten Mal, wenn dir der Mut fehlt, ganz bestimmt ausprobieren …

Bitte die Geschichte zurücknehmen. (Siehe S. 67)

Tipp:

Die Kinder sollten im Anschluss unbedingt auf den vorbereiteten Zetteln notieren, welche Nachricht sie erhalten haben. Die darf dann jeder für sich allein gut verwahren. Diese Nachricht wird sicherlich für die Kinder ein wertvoller „Mutbringer" sein.
Mit etwas Geschenkband können die Kinder ihre Botschaft dann wieder zusammenbinden.

Im Rosengarten
Fantasiereise mit Duftcreme

Hinweis:

Man mischt die Zutaten mit einem Plastiklöffel gut durch, bis sich
alles vermengt hat, und verwahrt diese Duftcreme am besten in einer
kleinen, lichtundurchlässigen Dose auf, die sich luftdicht verschlie-
ßen lässt. Bevor die Geschichte beginnt, darf sich jeder Zuhörer
einen kleinen Tupfen dieser Duftcreme unter die Nase reiben. Man
kann diese Fantasiereise natürlich auch ohne Duftcreme erleben.
Vielleicht lässt man die Kinder im Anschluss dann einfach an einer
Rose riechen oder hält für jedes Kind eine als Erinnerung bereit ...

Material:
*einen Teelöffel duftneutrale
Creme, beispielsweise Vaseline, zwei Tropfen natur-
reines, ätherisches Rosenöl
(Wem dieser Duft zu
„schwer" sein sollte, kann
ersatzweise auch Rosen-
geranie nehmen.)*

So geht's:

*Schließe deine Augen und stell dir vor, es ist ein warmer, schöner
Sommertag ... Die Sonne scheint und der Himmel ist strahlend blau.
Du machst einen Spaziergang durch einen wunderschönen Park.
Was es hier alles zu entdecken gibt! Du siehst dich erst einmal
um ...*
*Mit einem Mal strömt ein wunderbarer Duft in deine Nase. Ein Duft,
den du noch nie zuvor so intensiv gerochen hast ...*
*Du gehst dem Geruch nach und stehst vor einem riesigen Rosenbeet.
Hier wachsen Rosen in allen möglichen Farben. Und während du
wie verzaubert vor dem Rosenbeet stehst und die vielen Farben betrachtest, strömt dir der liebliche Duft der Rosen wieder in die Nase
und lässt dich ganz tief entspannen ...*

Da entdeckst du eine besonders schöne Rose … Ihre roten Blüten strecken sich der Sonne entgegen … Wie schön sie aussieht! „Was für eine zauberhafte Blume", denkst du und machst es dir im grünen Gras des Parks gemütlich, um sie noch eine Weile zu betrachten.

Während du ausgestreckt auf der Wiese liegst, merkst du, wie ruhig und entspannt du bist … Es ist wirklich schön, eine so große Ruhe in sich zu spüren …
Du spürst, wie angenehm schwer dein Körper im warmen, weichen Gras liegt … Du fühlst die warmen Strahlen der Sonne auf deiner Haut … Sie malen zarte Muster auf deinen Bauch … Du fühlst dich rundherum warm und geborgen.

Du schließt die Augen und siehst die rote Rose vor dir – und ihre zarten Blütenblätter, die sich der warmen Sonne entgegenstrecken … Wieder riechst du den wunderbaren Rosenduft … Nimm ihn tief in dir auf … Dabei spürst du, wie wohl du dich fühlst … Rundherum geborgen und geliebt … Es geht dir richtig gut …

Nun machst du dich langsam wieder auf den Heimweg. Doch vorher blickst du noch einmal auf all die vielen Rosen, die in dem Garten wachsen … Als Erinnerung an diesen Nachmittag pflückst du dir eine ganz kleine Rose …

*Zu Hause angekommen legst du die kleine Rose in eine Schale mit
klarem Wasser. So verbreitet sich der liebliche Duft der Blume auch
in deinem Zimmer und wird dich noch ein paar Tage daran erinnern,
wie entspannend dieser Ausflug in den Park war …*

Bitte an das Zurücknehmen denken! (Siehe S. 67)

Tipp:
Vielleicht haben die Kinder im Anschluss an diese Fantasiereise
Lust, eine Rose im Garten anzupflanzen oder einige Rosen dort
abzuschneiden. Wenn man diese in eine Wasserschale legt und
eine Schwimmkerze hinzugibt, hat man nicht nur eine schöne
Erinnerung an diese Duftreise, sondern zugleich eine nette
Dekoration für den Tisch.

Auf dem Weihnachtsmarkt
Fantasiereise mit Duftcreme

Material:
einen Teelöffel duftneutrale Creme, beispielsweise Vaseline, ein bis zwei Tropfen naturreines, ätherisches Zimtöl und ein Tropfen ätherisches Orangenöl (Solche „weihnachtlichen" Düfte kann man in der Winterzeit auch als Mischung kaufen.)

Hinweis:

Die Zutaten mischt man mit einem Plastiklöffel gut durch. Bevor die Geschichte beginnt, darf sich jeder Zuhörer einen kleinen Tupfen dieser Duftcreme unter die Nase reiben.

So geht's:

Stell dir vor, es ist kurz vor Weihnachten. Draußen schneit es und du ziehst dich warm an, damit du nicht frierst …
Gut eingepackt machst du dich auf den Weg zum Weihnachtsmarkt, der gar nicht weit von deinem Zuhause entfernt ist.

Du kannst schon von weitem die festliche Musik hören. Richtig weihnachtlich wird es dir ums Herz …
Auf dem Weihnachtsmarkt ist um diese Zeit noch nicht viel los. Das freut dich, denn so kannst du in aller Ruhe über den Markt schlendern und dir alles angucken.

Was es hier alles zu sehen gibt … Aber am besten gefällt dir, dass
es hier so wunderbar riecht … Es duftet nach Zimt und Orangen …
Der köstliche Duft strömt in deine Nase – einfach wunderbar …
Du musst dabei gleich an die Zimtsterne denken, die du neulich mit
Oma zusammen gebacken hast …

Du bummelst von Stand zu Stand und bewunderst die schönen
Weihnachtskugeln und den Baumschmuck … die vielen kleinen
Engel … Und dann kommst du an einen Stand, an dem es richtig
tolle Gewürze gibt … Man kann sie nicht nur zum Kochen und
Backen verwenden, sondern auch als Dekoration … Einige Zimt-
stangen, die wunderbar duften, sind mit einem goldenen Band
zusammengebunden und mitten auf der Schleife klebt ein Anis-
stern … Mehrere getrocknete Orangenscheiben sind auf etwas Bast
gefädelt und dazwischen hängen Ingwer und Zimtstangen …
Du schaust dir die duftenden Sachen noch eine Weile an …

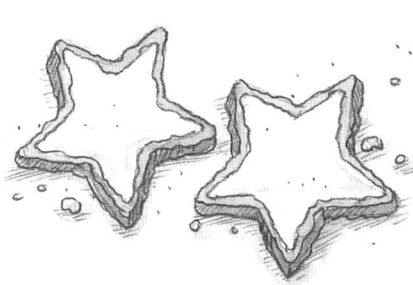

Am nächsten Stand kann man frischen Spekulatius und Printen
kaufen. Es gibt sie in allen erdenklichen Formen. Hier ein braunes
hübsches Lebkuchenpferd, dort ein großer Nikolaus. Auch hier
riecht es herrlich nach Weihnachten …

*Bei all den köstlichen Sachen beginnt dein Magen zu knurren.
Deshalb machst du dich auf den Heimweg …*

*Als du zu Hause bist, strömt dir der Duft von Weihnachtskeksen
entgegen. In deinem Zimmer steht ein kleiner Teller mit Zimtsternen,
Vanillekipferl und den köstlichen Orangenplätzchen, die Mama
jedes Jahr bäckt. Und daneben steht ein Becher mit warmem
Kakao – großartig!*

*Du machst es dir im Schaukelstuhl gemütlich, kuschelst dich tief in
eine warme Decke, isst Kekse und trinkst den warmen Kakao …
Dann machst du die Augen zu und bist ganz ruhig und entspannt …
Dein Körper fühlt sich schwer an, angenehm schwer … Und die
Decke hält dich rundherum warm … Du spürst, wie der Kakao warm
in deinen Magen rinnt. Die Wärme strömt durch dich hindurch …
Und du wippst in dem Schaukelstuhl sanft hin und her … vor und
zurück … Ebenso ruhig und regelmäßig fließt dein Atem in deine
Lungen und wieder hinaus …*

Die Geschichte durch das Zurücknehmen beenden. (Siehe S. 67)

Tipp:

Wie wäre es im Anschluss mit einem weihnachtlichen Memory?
Gerade um die Weihnachtszeit gibt es so viele herrliche Gerüche
und köstliche Düfte, dass sich eine solche Spielaktion hervorragend
anbieten würde.

Dazu braucht man eine ganze Reihe Stoffsäckchen oder ersatzweise
leere Streichholzschachteln. Jeweils zwei dieser Behältnisse werden
dann mit demselben weihnachtlichen Duft gefüllt: Nelken, gemah-
lene Vanille, Zimtstangen, Sternanis, Orangenschalen und Tannen-
nadeln eignen sich hervorragend.

Die Kinder müssen dann die Geruchspaare erschnuppern und
gemeinsam wird geraten, was denn da so wunderbar riecht.

Natürlich kommen nach dieser Geschichte selbst gebackene Kekse
und Kakao bei den Kindern sehr gut an.

Register

Die Deutsche Bibliothek – CIP Einheitsaufnahme
Ein Titeldatensatz für diese Publikation ist bei
Der Deutschen Bibliothek erhältlich.

Die Schreibweise entspricht den Regeln
der neuen deutschen Rechtschreibung.
3 2 1   02 03 04

© 2002 Ravensburger Buchverlag Otto Maier GmbH
Alle Rechte, auch die des auszugsweisen Nachdrucks,
der fotomechanischen Wiedergabe und der Übersetzung,
vorbehalten.

Illustrationen: Marion Kreimeyer-Visse
Fotos:
S. 8, 40, 48 Jutta Weser
S. 24, 36, 52, 64 Heidi Velten
S. 44, 76, 92, 100 Foto-CD MEV
S. 56 Holger Peters/f1online
S. 72 Felix Stenson/f1online
S. 80 Schwind/f1online
S. 68 PhotoDisc Getty Images

Umschlagkonzeption: Schmieder/Sieblitz
Umschlagfoto: PhotoDisc Getty Images
Redaktion: Petra Bowien

Printed in Germany
ISBN 3-473-37823-2
www.ravensburger.de

Weitere Ravensburger Bücher mit wertvollen Anregungen für Eltern und Erzieher:

Johanna Friedl
Spielend die Sinne entdecken
Kinder erleben und erfahren die Welt über ihre Sinne. Durch ausgesuchte Spiele wird die Sinneswahrnehmung gezielt gefördert. Dazu gibt es drei abgeschlossene Erlebniseinheiten für Gruppen.
ISBN 3-473-**37802-X**

Barbara Cratzius
Wir feiern Advent und Weihnachten
Geschichten, Gedichte, Spiele, Lieder, Back- und Bastelideen helfen bei der Einstimmung auf Weihnachten.
ISBN 3-473-**37810-0**

Ursula Rücker-Vogler
Bewegen und Entspannen
Bei Bewegungs- und Gleichgewichtsspielen, Fantasiereisen und Entspannungsübungen lernen Kinder allein oder in der Gruppe sich und ihren Körper besser kennen.
ISBN 3-473-**37355-9**

Bertrun Jeitner-Hartmann
Das große Buch der Kinderbeschäftigung
Das erfolgreiche Standardwerk in aktueller Überarbeitung. Durch die praktische Einteilung nach Altersgruppen sind die Beschäftigungsideen zu allen wichtigen Themen sofort verfügbar.
ISBN 3-473-**37351-6**

Susanne Stöcklin-Meier
Falten und Spielen
Durch einfaches Falten entstehen aus Papier die tollsten Sachen. Darüber hinaus geben Verse, Lieder und Geschichten Anregungen zum weiteren Spielen, Erfinden und Ausprobieren.
ISBN 3-473-**37358-3**

Gute Idee.

Ravensburger